JN438663

마음의 다리를 놓다

마음의 다리를 놓다

송태규 수필집

수필과비평사

| 작가의 말 |

지난해 수필 신인상(에세이문예)에 당선되었다는 말을 들었을 때, 시집간 딸이 득남했다는 소식이 이러지 싶었습니다. 그때부터 글을 써야 한다는 생각이 글을 쓰고 싶다는 마음으로 변했습니다. 잘 알고 지내는 작가가 글을 쓴다는 것은 그저 쓰는 것으로 그쳐서는 안 된다고 했습니다. 글로 쓴 내용을 삶에 옮길 때 비로소 글쓰기의 마침표를 찍는 것이라고 했습니다. 이런 점에서 저는 아직 마침표를 찍지 못하고 있습니다.

기다리는 사람에게 좋은 일이 생기지만, 두드리는 사람에게는 더 좋은 일이 생긴다는 말에 혹했습니다. 좋은 일인지 모르겠습니다만, 기다리지 못하고 불쑥 책을 낸다고 두드리며 유난을 떨었습니다.

시간이란 녀석이 참 야속합니다. 교단에 선 지 훌쩍 30년을 넘겼습니다. 명민하지 못한 탓에 똑똑한 선생이 되지는 못했습니다. 아름다운 조각상을 보면서 곁에서 떨어져 나간 부스러기의 아픔과 희생을 떠올립니다. 학생 지도에 애쓰는 선생님과 휘청거리며 신음하는 학생을 마주할 때마다 따뜻하게 보듬어주지 못해 안타까웠습니다.

교단에 선 지 어느덧 30년이 넘었다. 지금까지 참 많은 것을 놓치면서 살아왔다. 나 역시 고정된 틀에 맞추어 학생을 지도했다. 내 입에서 나오

는 말과 행동이 일치하지 않을 때가 많았다. 교감, 교장이 되어서는 선생님, 학부모님 입장이 된 적이 얼마나 있었던가. 그들이 앓는 소리에 얼마나 귀 기울였던가. 내 말 한마디가 거센 바람이 되어 누군가의 가지를 꺾거나 밑동을 잘라버리지 않았던가. – (본문가운데 일부)

교직에 머물면서 가없는 은혜를 입고 있습니다. 그동안 함께 울고 웃었던 날을 떠올리며 틈틈이 끼적였던 것을 내놓으려니 감추어 둔 속살을 보인 듯 부끄러움이 앞섭니다. 보잘것없는 책을 내보겠다고 참 많은 분께 신세를 졌습니다. 책이 나올 수 있도록 격려해 주신 분들 이름을 일일이 올리지 못하지만, 그분들께 진심으로 감사를 전합니다.

지금 병석에 계신 아버지, 해질 때까지 자식들에게 아무 일 없기를 기도하시는 어머니, 형의 부족한 곳을 감쪽같이 채워주는 동생들에게 깊은 감사를 드립니다. 지난여름까지 박사학위 논문을 쓴다고 허구한 날 교장실에서 도시락을 먹고 살았습니다. 학위를 받자마자 다시 도시락을 챙겨준 사랑하는 아내와 잘 자라준 아들딸에게 고마움을 전합니다.

2020년 첫눈 아직 오지 않은 겨울
용화산 자락에서
송 태 규

| 목차 |

1부

마음의 다리를 놓다

2부

온실 속 화초보다 들꽃처럼

3부

사람이 안주다

4부

손잡이

5부

철인의 특권

6부

헌혈은 단비이다

7부

별이 다섯 개

1부

마음의 다리를 놓다

회복 탄력성

오늘도 바람이 분다. 봄이 되면 어김없다. 마치 만발한 꽃잎을 시샘하듯 심술을 부린다. 어설피 길가에 쌓인 잡동사니들이 그 결을 타고 쫓고 쫓기듯 뒤따른다. 제 몸뚱이를 간수하지 못하고 길을 잃은 채 바람에 된통 휩쓸리고 있다. 애초부터 쓸모없는 물건이 있을까. 꽃잎 다 내어준 벚나무는 연둣빛 새싹을 지키려고 바람에 맞서지 않는다. 그저 등을 내주고 잠시 허리를 숙인다. 가지를 휘두르는 거센 바람 소리는 고통을 견디는 나무가 앓는 소리이다.

엊그제, 지인이 동영상을 보냈다. 남미 어느 나라쯤이었다. 초등학교 교실 수업 장면을 고스란히 담았다. 자막 처리를 하지 않아 교사가 하는 말은 알아들을 수 없었다. 1교시 수업을 할 때, 지각한 학생이 교실 문을 두드리고 들어왔다. 그는 익숙한 듯 선생님에게 손바닥을 내밀었다. 선생님은 귀찮다는 표정으로 회초리로 한 대 때리고 자리를 향해 목덜미를 밀쳐버렸다. 며칠 동안 같은 상황이 반복되었다.

그러던 어느 날, 자전거를 타고 출근하던 선생님이 먼발치에서 휠체어를 밀고 가는 낯익은 학생을 보게 되었다. 매일 지각하는 학생이었다. 그 아이는 어머니인 듯한 사람을 병원에 모셔 드리고 학교를 향해 뛰었지만, 항상 지각한 것이다. 그날 아침, 교실에서 그 아이를 마주한 선생님은 회초리를 학생에게 건네고 조용히 자기 손바닥을 내밀었다. 교실은 적막에 잠겼다. 한참을 그렇게 있다가 선생님은 영문을 모르는 소년을 왈칵 끌어안고 눈물을 흘렸다. 선생님은 자신만의 생각으로 학생을 판단했고, 그 판단이 전부가 아님을 알았다. 그날부터 선생님은 학생을 보는 시각을 바꾸었을 것이다.

교단에 선 지 어느덧 30년이 넘었다. 지금까지 참 많은 것을 놓치면서 살아왔다. 나 역시 고정된 틀에 맞추어 학생을 지도했다. 내 입에서 나오는 말과 행동이 일치하지 않을 때가 많았다. 교감, 교장이 되어서는 선생님과 학부모 입장이 된 적이 얼마나 있었던가. 그들이 앓는 소리에 얼마나 귀 기울였던가. 내 말 한마디가 거센 바람이 되어 누군가의 가지를 꺾거나 밑동을 잘라버리지는 않았던가.

지난해 11월, 한 학생이 옆 지역에서 전학 왔다. 학기 사이에 인근 시 · 군에서 전학 오는 경우가 더러 있다. 물론 예외인 경우도 있지만, 대부분 학생이 문제를 안고 있다. 이런 때는 전입을 허락할 것인지 진지하게 고민한다. 그 학생이 좋지 않은 영향을 끼쳐 기존 질서가 흔들리는 혼란을 겪을 수 있기 때문이다. 선생님들께 동의를 얻어 전입을 허락했다. 하지만 서류 잉크가 채 마르기도 전에 덜컹거리는 소리가 들렸다. 잘못된 행동을 지적하는 선생님에게 학생이 눈꼬리를 허공으로 치켜뜬다고 했다. 어머니와 함께 상담하는 시간에도 수그러들 기미가 보이지 않는다고 했다.

급기야 그가 온라인 개학으로 원격 수업하던 시기에 문제를 일으켰다. 경찰서에서 먼저 연락이 왔다. 뒤늦게 학교에서 대책을 마련해야 했다. 선생님이 교장실에서 어려움을 털어놓았다. 내가 결단을 내려야 했다. 상처받은 학생을 누군가는 치료해 주어야 한다. 그곳이 우리 학교여야 할까, 우리 선생님이어야 할까, 왜 곁에 있는 학생이 좋지 않은 영향을 고스란히 받아야 할까, 고민이 많았다. 교장 생각을 밝히기 전에 먼저 선생님 생각을 물었다. 선생님도 쉽사리 답을 내리지 못했다. 선생님 의견을 최대한 존중하겠다고 말했다.

그날 오후 학생이 어머니와 함께 학교에 다녀갔다는 소리를 들었다. 다음날 선생님이 환한 얼굴로 교장실에 들어섰다. 학생과 오랫동안 이야기를 나누었고 태도가 많이 바뀌었다고 했다. 이내 마음이 홀가분했다. 우리 학교에서 보듬어 안고 잘 지도할 테니 그쪽에서도 선처해주면 좋겠다는 내용을 담은 의견서를 경찰서에 보냈다.

학교도 바람 잘 날이 없다. 울타리 안에 오백여 명이 나무처럼 등을 비비면서 자라고 있다. 그곳에서 모두 꽃을 활짝 피우고 있다. 이들은 거센 바람이 불면 꽃잎을 내어주고 잠시 바람에 몸을 맡겼다가 다시 제자리를 잡는다. 이따금 꽃잎을 빼앗기지 않으려고 온몸으로 맞서다가 가지가 부러지는 아픔을 겪는 학생도 있다. 간혹 뿌리째 뽑혀 아예 밑동을 드러내는 녀석도 있다. 숱한 비바람에 휘청거리다 다시 일어서서 힘을 발휘하는 것을 '회복 탄력성'이라고 한다. 가지가 부러지거나 밑동을 드러낸 나무는 쉽사리 회복 탄력성을 찾지 못한다. 사람도 다르지 않다. 이때 누군가가 곁에서 힘이 되어주어야 한다. 먼저 다가가 아픔을 들어주고 끄덕여 주어야 한다. 공감하고 격려하면서 회복 탄력성이 강한 사람으로 성장하게 도와야 한다.

오늘 교장실에 다녀간 선생님이 아픔을 겪는 학생에게 커다란 울타리를 만들어 주었다. 분명 학생도 비바람 부는 순간을 잘 이겨내면 더욱 깊이 뿌리를 내릴 것이다. 회복 탄력성을 갖추고 우거진 느티나무가 될 것이다. 그때까지 기회를 주고 믿고 기다려야 한다. 머지않아 코로나19도 극성을 멈출 것이다. 등교하는 날, 녀석을 따뜻하게 안아주어야겠다.

다름 예찬

5시에 후배들과 자전거 훈련을 하기로 약속했다. 4시 반, 눈 뜨자마자 창문부터 열었다. 일기예보가 맞는다면 가로등 불빛을 가르는 빗줄기가 반짝여야 했다. 길바닥이 뽀송뽀송했다. 허겁지겁 채비를 갖추고 출발지로 향했다. 뿌연 어둠에서 갓 깨어난 새벽, 부지런한 농부는 벌써 흙을 향해 허리를 굽히고 들일에 빠져 있다. 짐을 가득 실은 덤프트럭은 어디론지 쏜살같이 내달렸다. 산모퉁이 공터에는 얼굴에 검은 칠을 하고 밤새워 행군한 군인 한 무리가 달콤한 휴식을 하고 있다. 모두 알토란처럼 새벽을 열어가는 사람이다.

자전거 타는 솜씨가 수준급인 후배가 쏜살같이 내뺐다. 그 종아리에 울퉁불퉁 알이 배었다. 마치 갓 캐낸 힘줄 솟은 고구마 같았다.

부지런히 뒤따르다 보니 어느새 허벅지가 묵직했다. 주르륵 이마에 맺힌 땀방울이 흘렀다. 숲속에서 지저귀는 온갖 새소리가 귀를 즐겁게 했다. 문득, 내가 앞에서 달리는 황새를 뒤쫓는 뱁새라는 생각이 들었다.

뱁새가 황새를 따라가려면 가랑이 찢어진다고 했다. 날갯죽지도 아플 것이다. 여기저기에 황새를 부러워하는 뱁새가 많다. 일등만 생각하면서 황새를 따라잡기 위해 같은 쪽으로 달리는 뱁새들이다. 그렇게 한 방향으로 죽을 힘을 다해 달려도 일등은 거의 황새 차지일 수밖에 없다. 대신 방향을 달리하면 그쪽에서는 뱁새가 일등이다.

사람은 저마다 재능이 있다. 그것을 찾아 발휘하는 사람도 있지만, 대부분은 자기의 재주와 능력을 찾기보다 상대가 잘하는 것을 보고 지레 겁을 먹는다. 그 순간 시도하지도 않고 스스로 무너진다. 특히 상대가 강하면 강할수록 먼저 주눅이 들어 겨루어 볼 생각도 없이 포기하고 만다. 적어도 미리 기부터 죽는 일은 없어야 한다. 세상일은 마지막에 뚜껑을 열어봐야 안다. '끝날 때까지 끝난 게 아니다'라고 누군가 말했다. 내 안에 숨겨진 재능을 찾아 끝까지 가보면 안다. 자신이 생각했던 것과 다른 결과를 만날 수도 있다는 것을…….

이따금 스스럼없이 교장실을 찾아오는 학생들이 있다. 이 녀석들을 위해 과자와 사탕을 준비해 두었다. 이야기를 나누다 보면 그들의 다양한 개성이 나타난다. 어떤 학생은 축구를 좋아하고, 또 다른 녀석은 노래를 잘 부른다. 누구는 수학을 잘하고, 누구는 게임을 좋아한다. 수업 시간에 에어컨을 켜면 팔이 긴 옷을 챙겨입는 학생이 있고 웃통을 홀딱 벗는 녀석도 있다. 그렇게 서로 다르고 저마다 좋아하는 일, 잘 할 수 있는 일이 따로 있다.

요즘 중학교 1학년 교육과정은 서너 해 전과 많이 달라졌다. 자유학년제를 도입하여 1학년 때는 중간고사와 기말고사를 치르지 않는다. 대신, 토론이나 체험, 실습 위주의 참여형 수업을 진행하면서 진로 탐색 프로그램을 진행한다. 학교는 다양한 체험활동 프로그램을 세우고 이를 통해 학생이 흥미를 느끼는 분야를 찾도록 도움을 주고 있다. 하지만 아이를 황새로 키우고 싶은 일부 학부모는 이런 과정을 못 미더워한다. 영어 단어 하나, 수학 공식 한 개 더 못 배워서 뱁새가 될까 봐 초조해하고 불안에 쫓긴다.

인도에는 한때 40만 종의 벼가 있었지만, 지금은 품종이 급격히 줄어들고 있다고 한다. 수확량만 중요하게 여기는 까닭이다. 화학비료에 의존하여 더 많은 수확량이 나오는 소수 품종만 재배했다. 이것은 결국 벼의 유전자를 획일화하는 결과를 초래한다. 다수확이라는 장점에 가려진 유전자 획일화는 병해충에 치명적이라는 약점을 지니고 있다. 만약 그 작물에 영향을 끼치는 병해충이 발생하면 모든 작물은 일괄적으로 치명타를 입는다. 이런 위기를 막을 수 있는 해결책은 바로 토종에 있다. 토종이 품종 개량의 기초가 되는 유전자를 공급하여 유전자의 다양성을 유지해 주는 것이다. 다양성을 잃고 효율성만 쫓아 같은 품종으로 단일화하면 병충해나 냉해가 돌았을 때 자칫 한 해 농사를 망칠 수 있다.

교육이 나아가야 할 방향은 무엇일까. 내가 잘하는 것(적성), 좋아하는 것(흥미), 남보다 잘 할 수 있는 것(잠재력)을 찾아주는 것이다. 상대방보다 내가 잘하는 것을 고르게 해야 한다. 좋아하는 것을 찾아서 그것을 남보다 잘 할 수 있도록 지도해야 한다. 누군가는 동으로 뛰고, 누군가는 남으로 달리게 두어야 한다. 발밑을 찬찬히 살피며 걷는 학생이 있어야 하고, 앞서서 바람을 막아주는 녀석도 필요하다. 학교나 가정은 학생이 쫓기거나 비교당하지 않는 그런 곳이어야 한다. 각자 지닌 개성을 살리고 다름의 가치를 존중하는 사회를 만들어야 한다. 자신이 가진 것을 꽃 피울 때 가장 아름답지만, 가지지 못한 것만 좇으면 불행해질 수 있기 때문이다.

한 교실 안에는 서로 다른 얼굴 생김새만큼이나 다양한 개성을 지닌 학생이 기대어 생활하고 있다. 뱁새나 황새처럼 크기도 모습도 저마다 다르다. 각자 잘 할 수 있는 일도 다를 수밖에 없다. 행사 때마다 유난히 통통 튀는 학생이 있다. 김○○라는 학생이 그랬다. 1학년 때부터 봄, 가을 체육대회만 하면 여기저기에서 종횡무진이었다. 평소 수업 시간에는 엎드려 있거나 친구들과 장난만 치다가 체육대회가 가까워지면 숨어있는 끼를 맘껏 발휘했다. 3학년이 되어서는 아예 심판 배정 몫까지 그 녀석이 차지했다. 학교에 오는 이유가 마치 체육대회 날 주인공이 되는 것, 딱 그것 하나인 듯했다.

한마당 잔치를 벌이는 날에는 불판에 솥을 올려놓고 사뭇 진지하게 음식 만드는 정○○이라는 녀석도 있다. 이들은 자기가 좋아하는 일, 잘하는 일이 무엇인지 알고 있다. 이런 학생을 보면서 생각한다. 지금까지 우리가 학생을 모두 한 방향으로 줄 세워 같이 출발하고 같이 달리도록 만들지는 않았나. 하나의 기준만 들이대는 획일적인 교육을 하지 않았는지…….

땀방울 뚝뚝 떨어뜨리면서 페달에 힘을 주다 보니 어느새 정상에 올랐다. 땀을 훔치며 생각했다. 나는 황새와 다른 뱁새 태생이다. 황새보다 우아하지 않아도 초라하다고 생각하지 않는다. 황새처럼 몸집이 크지 않아도 잘하는 것이 있다. 주변 사람과 잘 어울린다. 어려운 일이 닥쳐도 결코 쉽게 포기하지 않는다. 화려한 겉모습만 보고 황새 따라가려고 욕심낼 필요가 없다. 내가 가야 할 길로 한 걸음씩 옮기다 보면 조금 늦어도 결국 목적지에 닿게 된다. 오늘, 뱁새 걸음으로 꾸준히 달렸다. 금방 터질 듯 잔뜩 찌푸린 하늘이 내 눈치만 보고 있었나 보다. 운동을 마치고 집 앞에 도착하니 기다렸다는 듯 후드둑 빗방울이 떨어졌다.

덩달아 훈훈

헌혈 290회를 마친 지 어느새 2주가 지났다. 어제 오전에 법회를 마치고 서둘러 헌혈의 집으로 향했다. 단골손님 맞이하는 주인처럼 낯익은 간호사 선생님이 반갑게 맞이해 주었다. 꼼꼼하게 문진을 마치고 헌혈대에 누웠다. 주삿바늘을 꽂고 난 간호사 선생님이 눈을 반짝이며 내게 말문을 열었다. 마치 승전보를 전하는 종군기자 모습이었다. 대뜸 우리학교 '현○○' 학생을 아느냐고 물었다. 표정이나 억양으로 보아 나쁜 일은 아닌 듯한데 학생 이름이 떠오르지 않았다. 갸우뚱대는 나를 보더니 "하긴 교장 선생님이 전체 학생 이름을 다 기억할 수는 없지요."라며 기억력이 떨어지는 나를 위로했다.

학생을 직접 가르칠 때는 천 명이 넘는 전교생 가운데 95% 이상 학생 이름을 외웠다. 이따금 시내에서 못 본체 지나가는 녀석이 있었다. 아마도 내가 자기 얼굴을 기억하지 못할 것이라고 생각했을 것이다. 이름을 부르며 알은체하면 소스라친다. 어떻게 자기 이름을 알고 있는지 묻는다. 그때마다 흐뭇하게 미소지으며 엉덩이를 토닥여 주었다. 교감, 교장이 되면서 수업 시간에 직접 대면하지 못하니 학생 이름을 기억하기가 쉽지 않다. 나이 탓이라며 둘러댔다.

자초지종은 이랬다. 한 열흘 전에 간호사 선생님이 마트에 갔다가 주차장에서 쓰러진 할머니를 부축하는 학생을 보았다. 학생 혼자 힘으로 버거워 보여 자신을 포함한 아주머니 두어 명이 합세했지만 어쩔 도리가 없었다. 주변 사람은 환자를 당연히 학생의 할머니로 여겼다. 부축하면서 이야기를 나누다 보니 학생이 전혀 모르는 할머니였다. 여러 차례 부축을 시도했지만 여의치 않자 몇 사람은 자리를 피하고 나머지는 발만 동동 굴렀다. 주변에 있던 지역 주민이 119에 신고했다. 그런데 119구급차는 규정상 환자를 병원으로 이송할 수 있을 뿐 자택으로는 이송이 불가하다는 안내를 전했다. 그 사이 학생이 자기 아버지에게 도움을 요청했다. 아들의 전화를 받자마자 현장으로 달려온 아버지가 할머니를 자택으로 옮겨드려 생명을 구했다. 할머니는 파킨슨병을 앓고 있어 약을 복용 중이었는데, 평소보다 약 기운이 빨리 떨어져 쓰러진 것이었다.

오늘 출근하자마자 명렬표를 훑어보니 학생 이름이 있었다. 담임 선생님께 이런 사실을 알리고 학생 성품을 물었다. 평소에 조용하고, 학급에서 도움이 필요한 친구에게 다가가는 이타적인 학생으로 친구들 사이에서 신망이 두텁다고 했다. 학생도 대견했지만, 선행을 실천하는 아들의 부탁에 기꺼이 시간을 내어 동참한 아버지가 어떤 사람인지도 궁금했다. 학생을 교장실로 불러 칭찬하고 아버지에게 전화했다. 갑자기 아침나절부터 아들네 학교 교장 전화를 받은 아버지 목소리에 놀람이 가득 담겨 있었다. 어리둥절하는 아버지에게 간단하게 상황 설명을 마쳤다. 바쁘겠지만, 점심시간에 잠깐 학교에 방문해달라고 부탁했다. 그 사이 교감과 담당부장 선생님을 불러 학생과 아버지에게 건넬 표창장을 만들고 선물을 준비했다.

올해 들어 코로나19가 길어지면서 너나없이 힘들어하고 있다. 전교 1등, 내신 1등급 맞는 사람이 세상에 용기와 희망을 주는 것은 아니다. 광장에 나가 나 아니면 안 된다고 선동하는 사람이 세상을 환하게 밝히는 것도 아니다. 폐지 담은 손수레를 힘겹게 끌고 가는 할머니 곁에 다가가 조그만 손을 보태는 학생을 보면 아직 살맛 나는 세상이다. 코로나가 극성을 부려도 어김없이 추석에 이름 없는 천사가 다녀갔다는 기사를 읽으면 아직 세상은 따스하다. 미처 마스크를 챙기지 못한 시내버스 승객을 위해 마스크를 기부한 시민의 이야기를 들으면 가슴이 두근거린다. 홍수로 보금자리를 잃고 실의에 빠진 이웃을 위해 구슬땀을 흘리는 자원봉사자 소식을 들을 때마다 마음이 평안하다. 저금통을 뜯어 코 묻은 돈을 어려운 이웃에게 써달라며 편지와 함께 전달하는 초등학생 사진을 볼 때마다 가슴이 찡하다. 팔을 전혀 쓰지 못하는 노숙자를 그냥 지나치지 않고 빵을 가져다 먹기 좋게 조금씩 떼어 입에 넣어준 대학생의 기사를 읽을 때마다 눈시울이

축축해진다.

지난 3월 초, 개학했지만, 코로나19 영향으로 학생이 등교하지 못했다. 흔히 말하는 사상 초유의 일이었다. 어쩔 수 없이 대면 수업을 온라인 수업으로 대체했다. 전혀 예상하지 못한 사건에 교육부를 비롯한 교사와 학생 그리고 학부모 모두 갈팡질팡했다. 출석 체크는 고사하고 진도에 맞는 온라인용 교재조차 갖추지 못했다. 그때 몇몇 선생님이 머리를 맞대고 영상 수업 자료를 만들기 시작했다. 거기서 그치지 않고 그분들이 기기 조작에 익숙하지 않은 선생님 곁에 앉아 도움을 주었다. 교육의 희망을 보았다. 가슴이 따뜻했다.

피부를 스치는 바람의 결이 곱다. 따뜻한 햇볕이 마음을 편안하게 감싸주며 사랑의 손길을 건네는 계절이다. 시리게 깊고 푸른 하늘을 보면 눈이 부시고 힘이 솟는다. 드러내지 않지만 넉넉한 마음으로 주변을 따뜻하게 배려하는 사람이 있으니 살 만한 세상이다. 좋은 일을 많이 하지는 못하지만, 좋은 것만 보고 좋은 소리만 듣고 살고 싶다. 살아있다는 것에 감사하며 살고 싶다.

낯모르는 할머니를 가족처럼 보살피고도 "위험에 처한 어르신께 당연한 도움을 드린 것일 뿐"이라며 겸손하게 말하는 학생과 기꺼이 달려온 아버지를 보면서 가정과 학교 교육이 얼마나 소중한지 새삼 깨달았다. 든든한 부자父子 덕분에 오늘 나와 선생님들이 덩달아 훈훈했다.

날마다 포옹

벌써 5년은 더 지난 일이다. 교무회의에서 한 선생님이 제안했다. 요즘 학생의 머리와 복장 상태가 불량해서 학습 분위기가 엉망이니 등교 시간에 지도하면 어떻겠냐고 했다. 선생님이 순서를 정해 등교 시간에 지도하기로 의견을 모았다. 일찍 출근해서 애쓰는 선생님의 짐을 덜어주기 위해 나도 함께 참여했다. 이른 시각에 학생들이 물먹은 솜처럼 지친 모습으로 교문에 들어섰다. 그런 학생들을 호랑이 눈 뜨고 감시하는 것 같아 가슴에 먹구름 걸린 것처럼 답답했다.

인문계 고등학생의 일과는 가히 살인적이다. 매일 늦은 밤까지 이어지는 야간 자습하랴, 부족한 과목 학원 수강하랴, 말 그대로 집에서 잠시 쉬었다 다시 학교에 오는 로봇과 다름없다. 아침부터 파김치가 되어 등교하는 학생들을 다그치는 것이 안타까웠다. 그렇게 한 달이 지났다. 그동안 나는 한쪽에서 힘겨워하는 학생을 안아주고 쓰다듬어 주었다. 일부 선생님은 그런 내 모습을 이상한 시선으로 바라보았다. 그러다가 선생님의 등교 지도는 막을 내렸다. 그러고 나서 나는 등교 지도 대신 학생을 따뜻하게 안아주거나 손바닥을 부딪는 '아침맞이'를 시작했다.

출근할 때마다 배웅하는 아내와 딸을 번갈아 안아주며 사랑한다고 속삭이고 집을 나선다. 어느 틈엔가 조카들을 만나도 포옹하는 습관이 돌담에 봄 햇살 스미듯 자연스럽게 몸에 뱄다. 교문 앞에서 환한 표정으로 지친 학생을 안아주는 일도 일상이 되었다. 처음에는 포옹이 어색했던지 애써 시선을 피하고 잰걸음으로 지나치는 학생이 있었다. 미리 손을 저으면서 도망가는 학생도 있었다. 시간이 지날수록 나를 보고 달려와 안기거나 손바닥을 힘차게 마주치며 큰소리로 인사를 건네는 학생이 비 온 뒤 개울물 불어나듯 늘었다.

항상 밝은 음색으로 마음을 전하면 얼굴색이 바뀐다고 했다. 내가 바라는 대로 상대의 색깔도 달라지는 것이다. 학생들의 밝은 인사와 웃음소리가 오히려 하루를 시작하는 나에게 힘이 되었다. 좋은 기운을 넣어준다는 게 나도 더불어 행복을 충전하는 시간이었다.

지난해에는 법인의 인사 방침에 따라 한 학기 동안 여학교에서 근무했다. 학교 현장에서 의도하지 않은 신체 접촉으로 선생님이 곤란을 겪는 일이 심심치 않게 일어나는 것을 대중 매체를 통해 알수 있다. 제자를 사랑하는 선생님의 마음을 전하는 일도 조심스러운 시대가 되었다. 안타까운 일이다. 남학교에서 하던 습관이 튀어나오지 않도록 마음 자락을 꾹꾹 눌러야 했다. 단지 밝은 표정으로 반가운 마음을 전했다.

쉬는 시간이나 점심 식사를 마치고 교장실 문을 두드리는 학생들이 있다. 녀석들이 오면 교우 관계를 묻고 장차 무슨 일을 하고 싶은지 시시콜콜 이야기를 나눈다. 교장실을 나설 때 사탕과 과자를 건네며 한 명씩 꼬옥 안아준다. 상장이나 임명장을 줄 때도 악수 대신 포옹으로 내 마음을 전한다. 어느 때부터인지 그런 일이 전혀 낯설거나 부담스럽지 않다. 내가 안아줄 때 내 등을 토닥이는 학생도 있다. 외려 내가 그들에게서 위로와 사랑을 받는 순간이다.

몸이 아파 칭얼대는 아이를 안아주면 엄마의 심장 소리를 들으며 안정감을 찾는다고 한다. 누구나 갑작스러운 공포를 느끼게 되면 두 팔로 가슴을 감싼다. 이럴 때 포옹은 신경전달물질 아드레날린과 세로토닌 분비를 증가시켜 긴장을 풀어주고 두려움과 외로움을 이겨내는 힘이 된다. 포옹을 통해 따뜻한 정을 나눌 때 통증과 긴장을 완화하는 옥시토신이 생성된다. 사랑의 호르몬이라 불리는 옥시토신은 유일하게 신체 접촉을 통해 생성되며 신뢰의 감정을 높여 준다.

이렇듯 포옹은 불안과 공포를 느끼는 상대를 진정시켜 심신을 달래는 효과가 있다. 포옹은 사람과 사람을 연결하는 깊고 지속적인 유대감의 표현이기 때문이다. 마음이 닫힌 사람의 빗장을 열게 할 때 두 눈을 바라보며 안아주는 것도 좋은 방법 가운데 하나다. 사랑하는 마음을 속에만 담아 둔다면 어리석은 일이다. 관심을 표현하면서 내가 먼저 다가가는 마음이 필요하다.

성장기에 허물없는 신체 접촉이 어린이의 발육과정에서 심리적 불안을 줄여주는데 커다란 효과가 있다는 보고서가 있다. 이 보고에 따르면 특히 유아기에는 안정감을 주는 피부 접촉이 스트레스 해소와 밀접한 관계가 있어 자주 안아주는 것이 좋다고 한다. 성장하면서 부모에게 신체 접촉을 많이 받은 자녀일수록 성격이 밝고 대인관계가 원만하다는 조사 결과도 있다.

"하루 네 번의 포옹은 지속해서 생존할 수 있게 하고, 여덟 번의 포옹은 행복을 유지해 주며, 열두 번의 포옹은 서로를 성장하게 한다." 라는 말을 심리치료 전문가 버지니아 사타이어 박사가 『포옹(Hug)』이라는 연구에서 발표한 바 있다. 승리에 도취한 선수가 얼싸안고 뒹구는 것, 어깨를 들썩이며 흐느끼는 이웃을 가만히 안아주며 위로하는 것도 모두 포옹이다. 이처럼 포옹은 내가 너와 함께 하며 슬픔과 기쁨을 나누고 있다는 마음의 표현이다. 생존과 행복을 위한, 성장할 힘을 얻기 위한 포옹을 과연 우리는 하루에 몇 번이나 하고 살까.

오늘도 커다란 가방을 둘러멘 학생들이 버스에서 쏟아지듯 내려 교문으로 들어왔다. 익숙한 모습으로 다가오는 학생에게 성큼 다가가 등을 토닥였다. "너는 세상에서 가장 귀하고, 사랑받는 귀공자란다." 귓속에 가만히 속삭이면서 봄 햇살 같은 포옹을 건넸다.

스승의 날에

살아간다는 것은 서로 연결된 끈을 끊어지지 않도록 잘 이어가는 것이다. 그것을 인연이라고 한다. 우리는 우연적 그리고 필연적으로 다양한 사람을 만나고 관계를 맺는다. 좋은 관계에서 맺은 인연은 가슴에 따뜻한 기운을 준다.

가장 먼저 찾아오는 인연은 부모님이다. 어릴 적 부모님의 가르침은 평생 살아갈 텃밭의 자양분이다. 이어서 학교에서 또 다른 부모일 수 있는 선생님을 만난다. 거기에서 사제 간이라는 새로운 인연을 맺는다. 지난해, '자신의 삶에 가장 큰 영향을 미친 사람이 누구인가?' 라는 전문기관 조사 결과 선생님이 부모님 다음 순위를 차지했다. 친구가 그 뒤를 이었다. 이렇듯 스승은 우리 삶에서 빠질 수 없는 커다란 부분을 차지하고 있다. 마치 인생 항로를 밝혀주는 등대 같은 존재이다.

달력을 보면 일 년 열두 달 각종 기념일이 있다. 계절 탓인지 특히 5월은 시작하면서 근로자의 날부터 유난히 기념일이 몰려있다. 생일을 맞은 것처럼 그날은 명칭과 관련 있는 사람이 모여 뜻깊은 시간을 기념한다. 어찌 된 영문인지 어느 해부터인가 5월 15일 스승의 날은 드러내 놓고 기념하지 못하는 얼치기 기념일이 되었다. 학생과 학부모 그리고 선생님은 마음에서 우러나는 축하를 건네지 못하고 자조 섞인 한숨을 쉬는 날로 변질해 버렸다. 제자가 내미는 꽃 한 송이를 받을 수 없는 날이 되었다. 선생님들은 말한다. "교사 가운데 누가 그 꽃을 받고 싶다고 했나. 왜 교사의 자존감을 이렇게 짓밟는가"라고. 급기야 일부 학교는 이날 이런 어색한 상황을 피하려고 휴교한다.

지난해 "스승의 날을 폐지해 달라"는 한 교사의 글이 화제가 되었다. 17년째 교직 생활을 한 그는 "스승의 날은 교사에게 참으로 힘든 날"이라며 "1년에 단 하루, 자신이 가르치는 아이들이 감사의 마음을 담아 내미는 꽃 한 송이, 편지 한 통을 받아도 죄가 되는 세상이라니 참으로 개탄하지 않을 수 없다."라고 했다. 이렇게 불편하고 부담스럽게 된 스승의 날이 차라리 없으면 속 편하겠다는 하소연이다.

지난 2월, 스승의 날 행사에 관한 회의를 했다. 해마다 스승의 날 부작용 때문에 아예 휴교 조처를 내릴 수밖에 없는 학교 사정은 충분히 이해할 만하다. 하지만 스승의 날에 학교 문을 닫는 것이 바람직한 모습은 아니라고 의견을 모았다. 스승의 날을 휴일로 지정하는 것보다 학생에게 은혜에 감사하는 마음을 심어주는 것이 더 뜻깊은 교육이라는 데 공감했다. 회의를 마치며 선생님께 제안했다. 어버이날과 스승의 날을 맞아 감사 편지 쓰기를 교육하는 것이 어떻겠냐고. 다행히 국어과 선생님이 중심이 되고 담임 선생님들께서 적극적으로 협조하겠다고 했다.

학교 마크를 새긴 편지 봉투와 카네이션 문양을 넣은 편지지는 학교에서 준비했다. 대신 우표는 받는 분에게 감사하는 마음을 담으라는 의미에서 학생이 직접 사도록 했다. 막상 국어 시간에 편지 쓰기를 지도해보니 여태까지 손편지를 한 번도 써본 적이 없는 학생이 대다수였다고 했다. 편지 봉투와 편지글 쓰는 방법을 아는 학생도 많지 않았음은 물론이다.

어제 교장실에 학생부장이 찾아왔다. 상의할 일이 있나 보다 하면서 바라보는데 뒤에 학생이 따라 들어왔다. 학생에게 무슨 일이 생긴 것일까 하는 걱정이 앞섰다. 학생부장의 표정이 전혀 어둡지 않았다.

"교장 선생님, 이 학생이 교장 선생님께 편지를 드리고 싶다고 해서 데리고 왔습니다."

마음을 놓으며 학생과 마주 앉았다. 봉투에 예쁜 글씨로 쓴 내 이름이 적혀있다. 편지지를 꺼낸 다음 내가 여기서 읽어도 좋은지 물었다. 수줍게 고개를 끄덕였다. 편지지 한 면을 빼곡하게 채운 글이다.

먼저 인사와 자기소개를 마치고, 나를 처음 보았을 때 가진 호기심과 기대감이 줄줄이 이어졌다. 올해는 중간고사를 마치고 5월 첫 주에 체육대회를 치렀다. 지난해까지는 순서가 바뀌어 뒤에 올 시험 부담 때문에 체육대회를 맘껏 즐기지 못했다고 했다. 이번에는 학생을 배려한 학사일정으로 시험에 집중할 수 있었고 3년 가운데 가장 즐거운 체육대회였다고 했다. 정말 감사드리고 진심으로 사랑한다며 "햇살이 아름다운 5월에 귀공자 OOO 올림"이라고 마침표를 찍었다. 다 읽고 난 다음 그를 힘껏 안아 주었다. 정성스러운 글씨와 알찬 내용으로 편지를 써 내려간 녀석의 마음이 전해왔다.

언제부터인지 기술의 발달로 인해 소통하는 방식이 엄청나게 변화했다. 빠름을 추구하면서 아날로그에서 디지털로 변화했고, 마음을 담은 감성보다는 편리함을 우선으로 여긴다. 우편함에는 정성이 담긴 편지 대신 각종 공과금 영수증과 광고성 우편물만 넘쳐난다. 아무리 편리를 추구하는 세상이라지만 메신저나 문자 메시지가 정성을 담아 쓴 편지의 감동을 대신할 수 없다. 한 해에 서너 차례 정도는 사랑하는 이에게 마음을 담아 손수 글을 쓰고 우표를 붙여 보낸다면 이 또한 감동이 아닐까.

이번 은혜의 편지쓰기 행사를 통해 귀공자들이 귀한 경험과 소중한 추억을 남겼으리라 생각한다. 가만, 나도 군에 있는 아들에게 손편지를 보낸 지가 언제더라? 오늘 마음먹은 김에 꾹꾹 눌러 편지를 써야겠다.

있어야 할 곳으로

흐드러지다 못해 묵직하게 처져있던 벚꽃 송이가 바람에 꽃눈이 되었다. 지천으로 널린 꽃이 눈길을 잡는다. 봄이 한껏 무르익었지만, 학교에는 여태 봄이 오지 않았다. 여느 때 같았으면 시끌벅적할 교정엔 고요만 가득하다. 얼굴을 마주하는 개학이 늦어지면서 학교가 제자리를 잡지 못하고 있다. 학생이 없는 학교는 마치 주어가 빠져 의미 전달이 제대로 되지 않는 비문처럼 마냥 허전하고 모호하다. 지난주 선생님께 인사 겸 전하고 싶은 내용을 담아 글을 띄웠다. 학생에게는 원격수업 화면을 빌려 영상으로 인사를 전했다. 학생은 교문에 들어서는 순간 봉오리를 터트린다. 선생님은 칠판 앞에 서 있을 때 활짝 핀다. 그곳이 제자리다. 거기가 있어야 할 곳이다.

아침이면 당연히 학교로 향하던 학생의 일상이 흐트러졌다. 학생이나 학부모 그리고 선생님 모두 혼란스럽고 적응하기 쉽지 않다. 학생은 선생님과 직접 눈을 맞추지 않고 온라인을 통해 강의를 듣게 되었다. 그곳에는 선생님의 잔소리도 없다. 점차 가정학습에 익숙해지면 교육에 어떤 변화가 일어날지 알 수 없다. 이제 교육계 전체가 지나온 자취를 돌아보고 나아갈 방향을 심각하게 고민해야 할 때가 되었다.

'초유', 요즘 흔히 듣는 말이다. 그 앞에 '사상'이라는 말이 붙으면 체감하는 부피가 엄청나게 커진다. 사상 초유 사태로 지구촌 구석구석이 호되게 몸살을 앓고 있다. 함께 살아야 할 동식물을 함부로 하고 자원을 무분별하게 채취하여 혹독한 대가를 치르고 있다. 어찌 학교인들 이 광풍을 피해 갈 도리가 있겠는가. 급기야 개학을 몇 차례 연기했다. 어느덧 두 달이 가까워진다. 그동안 교실 문은 굳게 닫혔다. 교육 현장에 온라인 개학이라는 전대미문의 사건이 발생했다. 상상도 하지 못한 일이 벌어지고 있다. 앞으로 또 어떤 초유의 일이 벌어질지 모른다는 것이 우리를 더욱더 힘들게 한다. 이런 가운데 한 가지는 분명하다. 이번 코로나19 사태로 우리는 자신이 있어야 할 곳을 생각해 보는 중요한 시간을 가졌다는 것이다.

지금 일어나고 있는 엄청난 사태를 예측할 뿐 정확한 해법을 알고 있는 사람은 아무도 없다. 생각하기도 싫은 끔찍한 일이 생길 수 있다. 여러 가지로 혼란스럽다. 마냥 놓아버릴 수도 없다. 그렇지만 우리가 가진 것 하나는 있다. 함께 지혜를 모으고 맡은 역할을 다해야 한다. 눈에 보이지 않는 바이러스가 우리에게 거리를 강요하고 있지만, 우리에게는 손에 잡히지 않는 끈끈함이 있다. 동료를 위하는 마음, 제자를 아끼는 마음, 이런 '함께' 바이러스가 우리를 묶어두리라 생각한다. 학교는 학생과 선생님이 있어야 할 곳이다. 선생님은 학생과 만날 수 있을 때까지 상황을 주시하면서 지혜를 모을 것이다. 그것이 지금 해야 할 일이다. 그 자리가 내가 있어야 할 곳이다.

흔히 사람은 어려움에 닥쳤을 때 자신의 가치를 드러낸다고 한다. 무슨 일을 할 수 있는지, 무엇을 중요하게 여기는지 알 수 있다. 학생이 없는 점심시간이라 급식실이 멈췄다. 선생님은 밖에서 도시락을 주문하여 끼니를 때웠다. 영양사, 조리사 선생님을 비롯한 모든 교직원이 불편했다. 그렇게 한 주를 보내고 급식실에서 선생님을 위한 점심 식사를 준비했다. 까칠했던 입맛이 돌아왔다. 모두 흐뭇했다. 식사를 마친 선생님이 고맙다는 인사를 할 때마다 급식실 선생님 얼굴이 벚꽃처럼 환했다. 그분들은 있어야 할 자리에서 활짝 꽃을 피웠다.

아버지가 요양병원으로 가신지 근 1년이 되어간다. 거의 매일 퇴근길에 들렀다. 코로나19 사태를 맞으면서 갑자기 모든 문병 길이 막혀버렸다. 식사는 제때 하시는지 어디 더 불편한 곳은 없는지 애만 태웠다. 다행히 간호사 선생님의 도움으로 아버지와 영상 통화를 할 수 있었다. 손바닥만한 화면에 아버지가 담겨있었다. 전화기 건너에서 애써 눈물을 감추는 아버지를 보며 내 눈물 둑이 먼저 터졌다. 마음이 아팠지만, 화면으로나마 아버지를 볼 수 있어서 안심이었다. 간호사 선생님이 제 자리에서 마음을 써 주었기에 가능한 일이었다.

신입생은 여태 담임 선생님 얼굴도 익히지 못했다. 원격수업을 대비하여 기껏 수화기로 목소리만 들을 수 있다. 학부모도 모든 것이 낯설고 어설플 것이다. 어느 틈에 부지런한 선생님이 꼼꼼하게 수강 신청 안내 영상을 만들었다. 이렇게 있어야 할 곳, 제자리를 지키며 성심을 다하는 선생님이 계시다.

3학년을 시작으로 1, 2학년도 차례로 원격수업을 시작했다. 먼저 온라인 서버에 수업자료를 올리고 제대로 작동하는지 살펴야 한다. 수업을 마치면 학생 출석과 수업량도 확인해야 한다. 모두 처음 해보는 일이라 익숙하지 않다. 컴퓨터 화면을 뚫어지게 바라보며 자료를 정리하는 선생님이 계신다. 누구는 전화기를 붙잡고 학생과 학부모에게 앵무새처럼 반복해서 설명하고 있다. 교무실이 북새통이다. 이렇게 선생님은 있어야 할 자리에서 최선을 다하고 있다.

누구나 있어야 할 곳이 있다. 그런 곳이 있다는 게 얼마나 든든하고 소중한지 절실하게 깨닫는 요즘이다. 하루빨리 예전의 일상으로 돌아가기를 바란다. 그때까지 내가 해야 할 일은 지켜야 할 자리, 있어야 할 곳에서 연대의 손을 놓지 않는 것이다.

마음의 다리를 놓다

집에 사람이 찾아오거나 새로운 물건을 들인다는 것은 설레고 행복한 일이다. 며칠 전 테라스를 정리하다 잡초만 자라고 있는 화분을 보았다. 화분에 뭐라도 심어볼까 아내와 상의했다. 바로 시장으로 갔다. 애기 모종이 방실거리고 있었다. 화분에 키울만한 고추, 오이, 상추, 토마토 모종을 샀다. 집에 오자마자 뿌리내릴 터를 잡아 주었다. 혹시 바람에 넘어질세라 꾹꾹 눌러 심었다. 모종을 옮겨 심으면 자리를 잡기 전까지 시들부들한다. 이것을 흔히 몸살을 한다고 한다. 새 터에서 땅내를 맡고 나면 몸살을 끝내고 자리를 잡는다.

요사이 비가 내리지 않았다. 문득 채소 생각이 나서 테라스로 나갔다. 다행히 시들지 않고 제법 척추를 꼿꼿하게 세우고 있었다. 녀석들이 마치 키재기라도 하듯이 옹기종기 모여 나를 맞이했다. 행복한 미소를 지으며 모종을 바라보았다. 지주대를 꽂고 정성스럽게 묶어주었다. 바람이 불면 흔들리며 잠시 비틀거리겠지만 지주대에 의지해서 다시 반듯하게 설 것이다.

며칠 전, 상담부장 선생님이 교장실에 왔다. 머뭇거리다 말문을 열었다. 3학년 학생 서너 명이 학교생활에 적응하지 못해 힘들어한다고 했다. 그 반 분위기가 산만하다고 여러 선생님이 이야기했다. 틈을 내어 그 교실에 들어갔다. 한 시간 동안 여러 이야기를 나누었다. 몇몇은 뿌리 얕은 풀포기처럼 비스듬히 또는 엎드려서 시간을 보냈다. 수업하면서 애태우실 선생님의 모습이 생생하게 보였다. 그 후 얼마간은 태도가 좋았지만, 다시 제자리걸음이라는 소리가 들렸다.

"교장 선생님이 그 학생들을 데리고 밖으로 나가서 함께 시간을 가지면 어떨지요?" 상담 선생님이 조심스럽게 말을 건넸다. 혈기 왕성한 남학생들이니 자전거를 타고 나가면 좋겠다는 의견을 덧붙였다. 출발하기 전, 이 녀석들 이름부터 외웠다. 이름을 부르며 다가가는 것은 그만큼 관심이 있다는 것이다. 자전거를 끌고 다섯 명이 교문 앞에 모였다. 자전거 나들이인 만큼 안전모는 반드시 갖추어야 한다고 미리 당부했다.

함께 사진을 찍은 다음 출발하기로 했다. 한 학생은 안전모를 머리에 얹고 있었다. 잘 쓰고 출발하자고 했다. 말이 끝나기가 무섭게 표정이 굳으며 찬바람이 획 불었다. 턱 끈이 맞지 않아서 못 쓴다고 했다. 턱 끈을 조절해 주면서 여러 생각이 들었다. 오늘 이 녀석들과 어떻게 해야 한 덩어리가 될까. 날개를 펴지 못하고 퍼덕거리는 이에게는 누군가 툭 건드려 주기만 해도 힘이 되는데.

일단 내가 앞장섰다. 학생들을 가운데 두고 상담 교사가 후미를 맡았다. 생각했던 것보다 자전거 다루는 학생들 솜씨가 예사롭지 않았다. 한 시간쯤 달려 약수터에서 잠시 쉬어갈 때였다. 이때다 싶었다. 도착하는 순서대로 이름을 부르며 안아주었다. 자전거 타는데 아주 소질이 많다는 칭찬을 덧붙였다. 진심이었다. 빙그레 웃는 모습이 여지없이 봄날이었다.

한참 달리다 보니 어느덧 허기가 지름길로 왔다. 오늘 점심은 무얼 먹을까 선택권을 학생들에게 건넸다. 잠시 망설이다가 한 녀석이 호기롭게 말했다.

"고기 먹어요."

"좋다. 오늘은 너희들이 먹고 싶은 대로 하자."

마침 근처에 음식을 잘하는 집이 있었다. 점심시간이라 손님이 붐볐다. 바쁜 시간에 삼겹살을 주문했더니 준비하는데 시간이 좀 걸릴 것이라 했다. 속으로 잘됐다 싶었다. 식사를 기다리면서 그들에게 등을 내밀고 언덕이 되어 줄 틈을 얻은 셈이다. 어디에 사는지, 좋아하는 운동은 있는지, 무슨 일을 하는 사람이 부러운지 이것저것 물었다. 이야기가 오갈수록 녀석들 표정이 봄볕이 되었다. 모두 꿈이 다부졌다. 모델이 되고 싶고, 기술자가 되고 싶고, 사업가가 되었으면 좋겠다고 했다. 3학년 남은 기간에 내신 관리 잘해서 원하는 고등학교에 진학하고 싶어 했다. 난 그저 추임새를 넣으며 고개만 끄덕여주면 되었다.

세상에는 수많은 꽃이 있다. 이 가운데 특별하지 않은 꽃은 단 하나도 없다. 사람들은 꽃이 얼마나 많이 흔들리고 나서 꼿꼿하게 서는지 모른다. 아무리 싱싱한 모종이라도 심기만 한다고 잘 자라는 것은 아니다. 흔들릴 때는 중심을 잃지 않도록 지주대를 받쳐주어야 한다. 때맞추어 적당하게 물을 주어야 한다. 바람이 통하도록, 햇볕을 바라볼 수 있도록 해야 한다. 흔들리면서도 야무지게 피는 꽃을 바라보는 것이 행복이다.

오늘 내 품에 안긴 학생들은 된통 몸살을 앓고 있다. 바람에 흔들려서 아직 뿌리를 제대로 내리지 못했다. 부모님이 수분이 되어야 한다. 선생님이 햇볕이 되어야 한다. 우리가 지주대가 되어 직립하도록 도와야 한다. 그들이 하늘을 향해 팔을 벌리고 꿋꿋하게 서도록 울타리가 되어야 한다.

마무리할 때 활짝 핀 얼굴을 보니 이제 좀 힘을 얻은 것 같았다. 앞으로 그들이 가진 것을 기꺼이 나누는 따뜻한 사람이 되라고 기도했다. 오늘 녀석들이 내게 마음의 다리를 놓았다. 덕분에 내 마음의 평수가 넓어졌다. 며칠 사이 해가 길어졌다. 교문을 나서는데 담장 모퉁이에 이름 모를 새 몇 마리가 분주하다. 저녁 찬을 준비하나 보다. 오늘은 한결 발걸음이 가볍다. 봄이 여물어가는 소리가 들리는 듯하다.

촉촉한 어버이날

우리 학교법인은 매일 아침 전교생이 귀공자, 귀공주 인성 노트를 기록한다. 성공을 부르는 좋은 습관과 밝은 인성을 심어주기 위해 2012년부터 시작했으니 어느덧 8년이 되어간다. 항상 마음에 새겨둘 세목을 정하여 아침마다 교내 방송을 들으며 점검한다. 가랑비에 옷 젖는지 모른다더니 시간이 지날수록 학생들의 표정과 태도가 달라지고 있다. 어느 날 다른 학교 선생님 한 무리가 우리 학교를 방문했다. 차 한 잔 마시고 나서 한 말이 떠나질 않는다. 손님에게 인사 잘하라고 하는 것은 '교육과 지도'이지만 '표정'은 지도한다고 해서 되는 일이 아니라면서, 우리 학생들 표정이 참 밝다고 칭찬했다. 인성교육이 결실을 거두고 있어 뿌듯했다.

선생님도 아침 시간에 함께 참여한다. 매주 수요일 아침은 선생님이 차례를 정해 짤막한 교훈 한마디로 시작한다. 거동이 불편하고 가끔 응급실 신세를 지는 편찮은 어머니를 모시는 선생님이 계신다. 그는 평소에 효심이 지극하다는 이야기를 듣는다. 부장 업무를 맡아서 일 처리도 꼼꼼하게 잘한다. 학생들, 동료 선생님과 관계도 좋다. 오늘 아침은 그 선생님이 방송을 시작했다. 나도 그 시각에 매일 교장실에서 방송에 따라 인성 노트를 기록한다. 선생님은 무슨 이야기로 귀공자들에게 마음을 전할까 생각하며 귀를 기울였다.

"귀공자 여러분! 오늘은 어버이날입니다. 먼저 어버이날 노래 가사를 들으면서 어버이 은혜에 대하여 생각해보는 시간을 가졌으면 좋겠습니다. 나실 제 괴로움 다 잊으시고/ 기르실 제 밤낮으로 애쓰는 마음/ 진자리 마른자리 갈아 뉘시며/ 손발이 다 닳도록 고생하시네……." 노래를 이어가지 못하고 서서히 가늘어지던 숨소리에 촉촉한 물기가 배어있다. 결국, 흐느끼다 그렇게 방송이 끝났다. 귀공자들에게 무슨 말인가 더 하려고 준비했겠지만 거기까지였다. 집에 누워계시는 어머니 생각이 말문을 막았으리라.

선생님께 바로 메시지를 보냈다. "OOO 부장님! 어머니를 향한 선생님의 간절한 마음이 우리 귀공자들에는 그 어떤 교육보다 훌륭했고 따뜻했습니다. 감사합니다. 어머님께서도 효성 지극한 선생님의 그 마음 다 들으셨을 겁니다. 제 볼에도 눈물이 흐릅니다. 고맙습니다." 이렇게 오늘 아침 우리 학교는 뜻하지 않은 가장 의미 있는 어버이날 행사를 진행했다.

아내는 결혼하기 전부터 꽤 오랫동안 장인어른 병간호를 했다. 큰 아이가 막 돌을 넘길 무렵 장인어른께서 돌아가셨다. 장모님은 오래 사셨지만, 돌아가시기 전 몇 년은 병석에 누워 계신 기억만 또렷하다. 이런 이유로 처가 부모님께는 변변하게 효도라는 것을 해 본 적이 없다. 이틀 전, 아내와 함께 두 분이 계신 추모공원에 다녀온 것을 위안으로 삼았다. 아마 아내는 두 분이 안 계셔서 부모님에 대한 그리움과 사랑이 더 애틋하리라.

내게는 다행히 아버지와 어머니가 생존해 계셔서 두 분이 함께 지내신다. 아버지는 지난해부터 치매 증상이 심해지면서 어머니가 수발하신다. 형제들이 가깝게 살고 있어 자주 찾아뵙지만 인사드리고 나오면 기억에서 잊히고 만다. 큰 며느리인 아내를 비롯한 며느리들이 자식들보다 더 자주 찾아뵙고 보살펴 드리니 고맙고 커다란 위안이 된다. 부모님을 대할 때 이따금 나보다 더 철이 든 아내의 모습을 본다.

몇 년 전부터 매일 아침 부모님께 전화로나마 문안 인사드리는 것을 습관으로 삼았다. 하지만 어떤 때는 아주 형식적인 인사만 건네고 전화를 마칠 때도 있다. 그마저도 아침에 행사가 있거나 바쁜 일이 생기면 지나치기도 한다. 이런 날 오후에는 어김없이 어머니께서 전화하신다. 혹시 무슨 일이라도 생겼는지 염려하신 것이다.

하루를 마무리하면서 자식들 걱정은 몇 번이나 했는지, 자식들에게 걸려온 전화나 문자 메시지를 생각해 볼 때가 있다. 이러면서 정작 부모님 생각은 얼마나 했는지 떠올리면 한없이 무심한 아들이다. 몸이 불편하신 아버지가 무슨 음식을 드시고 싶어 하실까, 제때 끼니를 거르지나 않으실까 자주 여쭤보지도 못했다.

아버지 곁에서 애쓰는 어머니께 고생하신다는 진심 어린 말 한마디 제대로 건네지 못했다. 남편과 자식들 뒷바라지에 평생을 다 보낸 어머니에게도 꿈이 있지 않았을까. 그것이 무엇이었는지 나는 귀기울이려고도 하지 않았다. 이제 곁에 다가가 어머니의 꿈 이야기를 들어보고 싶다. 지금까지 다섯 자식이 결코 묻지도 들어보려고도 하지 않았던 어머니의 꿈을, 두 손을 꼭 잡고 두 눈을 바라보면서 듣고 싶다.

오늘, 거창한 말보다 부모님을 향한 진심이 담긴 선생님의 노래가 가슴을 촉촉이 적신 어버이날 아침이었다. 새삼 나를 돌아본 시간이기도 했다.

고맙고 감사할 뿐

이따금 하루 스물네 시간을 촘촘하게 쪼개어 써야 할 때가 있다. 이런 날은 일을 마치고 돌아보면 시간의 귀퉁이마다 닳아 동글동글하다. 요즘 달빛을 앞세우고 귀가하는 날이 태반이다. 집에 들어가면 몸이 낚시 추처럼 가라앉는다. 젖은 낙엽처럼 방바닥에 등을 붙이고 꼼짝하기 싫다. 하지만 생각을 돌리면 그 마음도 순간일 뿐이다.

지인이 지난해 말 일터에서 물러났다. 나이가 찼거나 본인의 허물 때문이 아니었다. 인건비를 줄이려는 회사의 방침에 따라 근무 형태를 자동화로 바꾸며 빚어진 일이다. 그는 갑작스러운 해고 통보를 받고 한동안 낙심했다. 다닐 때는 이따금 직장 상사나 동료 관계에 대하여 불만을 나타냈다. 막상 하루아침에 갈 곳을 잃고 나니 어제의 일상이 얼마나 소중한지 알게 되었다고 했다. 그는 마음공부를 열심히 하는 교도이다. 잠시 원망으로 요란했던 마음을 돌려 그동안 자신을 받아준 직장에 감사하는 마음을 갖게 되었다고 말했다. 눈을 돌리면 보이는 것이 달라지고, 마음을 돌리면 생각하는 것이 달라진다. 인간이 불행한 이유는 단 한 가지일 뿐이다. 자신이 얼마나 행복한지 모르는 것이다.

몇 번 만나지 않았을 뿐인데 무엇을 주어도 아깝지 않은 사이가 있다. 대가를 바라지 아니하기 때문이다. 낳아서 힘껏 길러주고 아무것도 바라지 않는 부모의 마음이 그렇다. 이런 사람은 살아가면서 그저 사랑할 뿐, 사랑을 비교하거나 견주어보려 하지 않는다. 비교하는 순간 감사하는 마음은 깨진 유리그릇이 된다. 주어진 일에 노력하고, 일을 마치면 행여 다른 마음은 없었는지 돌아볼 일이다. 고마운 생각을 마음 보자기에 담으면 오로지 감사함이 남을 뿐이다.

출근하여 선생님들과 머리를 맞대고 교육과정에 관해 협의했다. 학생을 위해 진지하게 이야기를 나눌 수 있으니 고마울 뿐이다. 해맑은 모습으로 반갑게 인사하는 학생들을 마주할 수 있어 감사하다. 그들을 따뜻하게 안아줄 수 있어 행복할 뿐이다. 시곗바늘이 쉼 없이 돌듯, 맡은 일을 열심히 했다.

일과를 마치고 가야 할 곳에는 행복한 마음으로 참여했다. 글을 쓰면서 걸어온 시간을 되돌아볼 수 있으니 감사하다. 하루 세끼를 달게 먹을 수 있으니 고마울 뿐이고, 돌아가 편히 쉴 수 있는 집이 있어서 감사하다. 거기에서 따뜻하게 나를 맞이해 줄 가족이 있으니 참 행복할 따름이다.

이따금 창밖으로 펼쳐진 운동장을 바라본다. 추위에도 아랑곳하지 않고 땀 흘리며 공놀이에 열중하는 학생들이 있다. 함성을 지르며 공을 좇느라 여념이 없다. 그들을 바라보며 흐뭇한 미소를 지을 수 있어 감사할 뿐이다. 일터에서 젊은이 못지않게 왕성하게 활동하는 어르신을 볼 수 있다. 내키는 대로 사는 젊은이보다 그렇게 일하는 노인이 더 건강하고 행복하다. 이런 분들에게 '나이는 숫자에 불과할 뿐'이라는 구호가 딱 어울린다.

가끔 회의를 진행하다 보면 서로 다른 생각 속에서 자기주장을 굽히지 않는 사람을 보게 된다. 급기야 언성을 높이며 얼굴을 붉히기도 한다. 상대방 생각이 틀린 것이 아니라, 나와 다름을 인정하기 어려운 것이다. 곁에서 지켜보며 배운다. 그가 나를 깨우쳐 주는 스승이다. 그를 통해 나를 비추어볼 수 있어 다행이다.

오늘 선생님이 모여 한 해를 마무리하는 시간을 가졌다. 지난 시간을 돌이켜 보며 새 학기를 위한 밑그림을 그리는 시간이었다. 안건에 따라 의견이 분분했다. 분위기가 뾰족하게 솟았고 회의장에는 거친 바람이 불었다. 그러면서 상대 의견에 귀를 열었다. 여러 가지 주제를 다루면서 틀린 것이 아닌 다름을 확인했다. 모든 사람이 찬성하는 만장일치는 큰 의미가 없다. 그것은 대개 변화보다는 집단을 위한 무사안일일 경우가 많이 있기 때문이다. 결코 쉬운 일은 아니었지만, 덕분에 지금까지 걸어온 발자국을 돌아보고 방향을 새롭게 정할 수 있었다.

회의를 마치고 나오니 어느덧 어둠이 다뿍다뿍했다. 오늘 하루도 바쁘게 달렸다. 발걸음을 재촉하면서, 불을 밝히고 나를 기다릴 가족을 생각하니 또 고맙고 감사할 뿐이다.

훌륭한 뱃사공들

'사공이 많으면 배가 산으로 간다'라는 속담이 있다. 어떤 일을 처리할 때 주관하는 사람이 없으면 각자 주장만 내세우고 결국 일을 제대로 하지 못한다는 말이다. 물론 지금도 이런 의미로 쓰고 있다. 한번쯤 생각을 뒤집어 보면 어떨까. 많은 사공이 뜻을 모아 일사불란하게 한 방향으로 노를 저으면 목적지에 일찍 도착할 수 있고, 배를 들어 산으로도 옮길 수 있다. 배가 목표를 향해 가도록 방향을 잡아주는 키잡이가 있어야 한다. 선원이 지치고 힘들 때 용기를 북돋우고 격려하는 선장의 지도력은 필수이다.

지난 3월 1일, 이 학교에 부임했으니 어느덧 3개월이 지났다. 그동안 선생님, 귀공자와 함께 지내며 많은 것을 보고 느꼈다. 지난 학기까지 매주 한 번씩 아침에 짧게 진행했던 교직원 회의에 변화를 주었다. 허심탄회하게 대화하는 회의 시간인 소화제 시간(소통과 화합이 제일이다)을 만들었다. 한 달에 한 시간씩 전체 선생님이 얼굴을 마주 보도록 도서실에 책상을 배열했다. 이런 회의 문화가 익숙하지 않은 선생님에게는 다소 낯선 분위기였다. 세 번 진행하는 동안 다행히 불참하는 선생님이 없어 나름대로 성과를 거두고 있다는 평가가 들렸다.

중학교 선생님은 대부분 주당 스무 시간 정도 수업을 한다. 수업이 없는 시간에는 교재연구와 맡은 업무를 처리한다. 특히 부장을 맡은 선생님은 상대적으로 업무량이 많아 항상 일에 쫓기면서 하루를 보낸다. 부장은 순환보직이기는 하지만 중추적인 역할을 하는 선생님이 맡는다. 부장 선생님 의견을 듣고 격려도 할 요량으로 부장 연수를 1박 2일로 진행하자고 제안하였다. 선생님이 일정상 학기 중 하룻밤을 지내며 회의하는 것이 부담스럽다고 했다. 이 의견을 받아들였다. 대신 일과를 마치고 밤늦게까지 회의를 하자는 것에 모든 부장이 동의했다.

학생이 하교한 다음 학교에서 부장 연수를 진행했다. 한 사람도 빠지지 않았다. '수업 혁신, 교육자치 실현'을 주제로 삼았다. 회의를 시작하면서 전설적인 컴퓨터 프로그래머이자 컴퓨터 코딩의 여왕이라 불리는 그레이스 머레이 호퍼의 말을 빌려 인사말로 대신했다.

"그간 우리에게 가장 큰 손해를 끼친 말은 바로 '지금껏 항상 그렇게 해왔어.'라는 말이다. 모든 게 우리 마음에 달려 있다. 사람이 하늘을 날 수 없을 것이라고 말한 사람이 있음을 기억하라."

주제를 포함해 올해 참여와 소통, 배려를 존중하는 학교 문화를 형성하기 위해 다양한 의견을 나누었다. 그동안 학교에 관행처럼 이어져 왔던 여러 가지 문제점이 드러났다. 이를 슬기롭게 해결해 나아갈 방향과 방법에 관한 대화도 나눴다. 이 가운데에는 구성원의 소통과 단합을 위해 학교장이 나서야 할 부분도 있었다. 적극적으로 경청하고 공감하여 실천하기로 약속했다.

수업과 학교생활에 제대로 적응하지 못하는 학생을 지도해야 하는 부분에 대해서는 열띤 갑론을박이 이어졌다. 누구 하나의 의견만 맞거나 틀린 답이 없었다. 모두 학생을 위하는 소중한 견해였다. 당초 예정했던 시간을 훌쩍 넘기며 회의를 이어갔지만 불평하지 않았다. 처음 진행한 빡빡한 부장 회의에서 이렇게 허심탄회하게 의견을 공유했다. 앞으로도 서로를 이해하는 마음으로 어깨를 걸고 나가면 동료애가 한층 단단해질 것이다.

오늘 오갔던 내용을 정리하여 전체 소화제 시간에 공유하고 발전 방안을 모색하는 시간이 필요하다. 귀한 시간을 내어 자리를 지키고 의견 주신 부장 선생님을 바라보며 우리 학교의 밝은 앞날을 기대할 수 있었다.

마무리 단계에서 진행자 선생님이 맺음말을 부탁하였다. "후배 교사들에게 멋진 교단을 만들어 주는 훌륭한 선배 교사들이 되었으면 좋겠습니다."라고 고마움을 담아 인사했다. 우리 학교에는 배를 산 정상까지 거뜬히 들어 옮길 수 있는 유능하고 훌륭한 사공이 많이 있다는 것을 확인한 시간이었다. 참으로 든든하다.

2부
들꽃처럼
온실 속 화초보다

책 읽는 원광인 상賞

근육을 만들기 위해 운동을 열심히 해 본 사람은 안다. 샤워하다가 어느 날 달라진 몸매를 바라보는 즐거움을. 늘 입었던 옷을 오랜만에 입었을 때 늘어난 근육 부위가 꽉 끼는 부자연스러운 통쾌함을. 책을 많이 읽고 글을 쓰다 보면 문득 그런 느낌이 온다. 참 좋은 문장은 버리기가 싫고 펜이 가야 할 길이 훤히 보인다. 몇 해 전, 두꺼운 공책을 준비했다. 언제부터인지 이런 글귀를 놓치지 않으려고 꼼꼼히 적어놓고 있다.

매일 오르내리는 학교 계단이 어딘지 모르게 허전했다. 궁리 끝에 눈길 닿는 계단 면을 활용하기로 했다. 공책 속에서 책 읽기와 관련 있는 문장 서너 개를 추렸다. '글쓰기의 시작은 독서이고, 독서의 완성은 글쓰기이다', '여유가 생긴 뒤 남을 도우려 하면 결코 그런 날은 없을 것이다. 여가가 생긴 뒤에 책을 읽으려 하면 결코 그 기회는 없을 것이다', '독서는 해박한 사람을, 토론은 준비한 사람을, 글쓰기는 정확한 사람을 만든다' 이런 문장을 계단에 붙여 놓고 출처를 밝혔다.

이따금 생각한다. 학생이 우리 학교를 졸업하면 어떤 학교로 기억에 남을까. 훗날, 중학교 시절을 돌아보았을 때 가장 기억에 남는 것은 무엇일까. 이어서 무엇을 남겨주는 것이 가장 좋을 것인지 생각을 뒤집어 본다. 요즘 여기저기에서 책 읽기에 관심이 뜨겁다. 지난해 학교에 부임하면서 학생이 책을 가까이하도록 하고 싶었다. 겨울방학 기간에 도서실 단장을 마쳤다. 딱딱한 책걸상을 들어내고 대신 소파로 그 자리를 채웠다. 손쉽게 책을 뽑아 볼 수 있도록 사이사이에 이동식 서가를 배치했다.

학생에게 책 읽는 습관을 길러주는 것이 꼭 국어 선생님 몫은 아니다. 전체 선생님의 의견을 들을 수 없어 국어과 선생님에게 차 한 잔 건네며 이야기를 나누었다. 다양한 아이디어가 쏟아졌다. 이른 시간, 등교하자마자 교실에서 스마트폰에 푹 빠져있는 학생이 있다. 엎드려 잠을 자는 학생도 있다. 우선 이런 학생부터 도서실로 안내할 방법을 궁리했다. 어쨌든 도서실을 놀이터 삼아 자주 찾을 수 있도록 하자는 것이 우선이었다. 이어서 책을 가까이하는 습관을 만들기 위한 구실로 학교장상을 주는 것도 좋은 생각이었다. 학교장상을 받으면 내신 성적에 0.5점을 추가하여 고입 진학에 혜택을 받는다. 책 읽기에 관심을 갖도록 매월 시상을 하기로 했다. 전체 선생님에게 상 이름 짓기를 공모했다. 내게도 기회를 주었다. 고민 끝에 '지혜 나눔 상'이라는 이름을 붙여 보냈다. 결국 '책 읽는 원광인 상'으로 의견을 모았다.

이름은 그 사람이나 사물의 첫 모습이다. 이름은 대문에 걸린 문패와 같다. 작가가 글을 모아 책을 낼 때, 책 제목을 짓는데 글 쓸 때보다 더 많은 공을 들인다고 한다. 심지어 이름이 사람의 운명을 결정짓기도 한다. 갓난아기가 건강하게 자라서 훌륭한 사람이 되라고, 사업이 번창하라고 좋은 이름을 얻기 위해 작명소를 찾기도 한다.

첫아들을 낳았을 때 아기 이름 짓는 것은 우리 부부 몫이 아니었다. 내 아들이기 전에 이미 우리 집안의 장손이자 부모님의 큰 손자였다. 얼마를 드렸는지 모르겠지만 아버지께서 용하다는 작명소에 가셔서 건강하고 장차 훌륭한 사람이 될 것이라는 이름을 받아오셨다. 그 덕분인지는 몰라도 탈 없이 제 몸을 잘 간수하고 있으니 이름 덕을 보고 있는 셈이다.

지난해 말부터 코로나19로 지구촌 전체가 된통 앓고 있다. 그동안 모든 사회가 너나없이 제동장치 없는 기관차처럼 앞으로만 내달렸다. 바이러스 탓에 당연하게 여겼던 삶의 상당 부분이 어쩔 수 없이 멈췄다. 하늘길을 비롯한 통로가 막혔다. 국가 간 경계 이동을 엄격하게 통제했다. 개인 간에도 거리를 두고 스스로 모임을 자제해야 했다. 학교도 문을 닫고 새 학기가 한참 지난 다음에 결국 온라인으로 학생들과 마주했다. 코로나19가 기승을 부리면서 오죽하면 '슬기로운 집콕 생활'이라는 말이 새롭게 떠올랐을까. 바깥 생활을 자제하면서 남는 시간을 집에서 활용한다는 말이다.

역설적이게도 물리적인 공간 이동이 막히면서 책 속에서 길을 찾는 시간이 많아졌다. 읽고 싶은 책을 쌓아두고 책장 넘기는 것에 재미를 붙이면 그나마 갇힌 일상에서 탈출할 수 있는 길이 보이지 않을까. 머지않아 코로나19는 잠잠해질 것이다. 이때 얻은 책 읽는 좋은 습관 바이러스는 길게 이어지기를 바란다.

학생이 재잘거리는 소리가 끊긴 학교는 여태 봄다운 봄을 맞이하지 못했다. 선생님이 교무실과 빈 교실에서 온라인 수업자료 만드느라 머리를 싸매고 있다. 덩달아 교장실을 찾는 발길도 뜸해졌다. 평소 게으름 피우느라 미루었던 책을 읽었다. 틈틈이 생각을 정리하면서 몇 자씩 끼적거려 두었다.

우리 학교는 아침 수업을 시작하기 전에 교내 방송을 통하여 인성교육 프로그램을 진행하고 있다. 어느덧 10년이 다 되어간다. 담임 선생님을 중심으로 어제 있었던 일과를 돌아보면서 준비한 노트에 자기 생각과 행동을 꼼꼼하게 기록한다. 한 달 동안 성실하게 생활한 학생을 선정하여 매달 '자랑스러운 원광인 상'을 주고 있다. 생각해 보니 '책 읽는 원광인 상' 이름이 안성맞춤이다. 두 상의 이름이 인성 바르고 열심히 책을 읽는 멋진 쌍둥이 형제처럼 조화를 이룬다. 돌이켜 보면 학창 시절에 책과 친하지 않았던 것이 몹시 후회스럽다. 좀 더 일찍 철이 들었어야 했다. 부디 많은 학생 손에서 책이 떠나지 않기를 간절히 바란다.

온실 속 화초보다 들꽃처럼

오늘까지 이틀째 귀공자들 교내 체육대회를 열고 있다. 며칠 전 제법 많은 비가 내렸다. 행사에 영향을 줄까 걱정했지만, 오히려 공기도 상쾌하고 운동장이 적당하게 수분을 품고 있어 먼지도 날리지 않는다. 체육대회 치르기에는 안성맞춤이다.

모든 동식물은 날씨에 민감하게 영향을 받는다. 비가 오면 날씨는 흐리지만, 대신 잔디는 한껏 푸르다. 오랫동안 비가 오지 않으면 꽃과 나무는 시들부들 생기가 없다. 맑고 깨끗한 날씨만 계속된다면 초원은 사막이 된다. 가끔 내리는 비 덕분에 초원은 기름지고 새로운 싹을 잉태한다.

고단한 삶을 사는 이들은 비를 핑계로 하루쯤 쉬어갈 수 있다. 날씨에 따라 사람의 기분이 좌우되기도 한다. 특히 야외 행사는 더욱더 그렇다. 심지어 선거를 치르는 날의 일기가 후보자 간의 당락에 영향을 미치기도 한다. 행사를 앞두고 일기예보부터 살펴보는 것은 어쩌면 당연한 일이다. 이번 체육대회는 택일을 참 잘했다.

날씨를 생각하다 문득 교직 3년째 되던 해의 체육대회가 떠올랐다. 이곳으로 교정을 옮기기 전 시절이다. 동산동에 있던 학교는 지금 운동장보다 훨씬 넓었다. 학교터가 예전에 석탄을 저장했던 곳이라는 이야기가 전해왔다. 이를 증명이라도 하듯 비가 내리면 운동장에서 검은 물이 흘렀다.

그해 체육대회 첫날은 잘 마쳤다. 이튿날 대회를 시작할 무렵 맑았던 하늘에서 갑자기 세찬 소나기가 내렸다. 일단 소나기를 피하고 기다려보자는 방향에 따라 모두 교실로 들어갔다. 망아지처럼 한창 뛰어다니기 좋아하는 녀석들이다. 그런 녀석들이 마치 누가 시키기라도 한 듯 창가에 길게 목을 빼고 씨알 굵은 빗줄기를 원망스럽게 바라보고 있었다. 등교할 때는 비 올 기미가 전혀 없었기 때문에 수업 준비를 해 온 학생은 아무도 없었다. 갑자기 한 녀석이 소리쳤다.

"선생님, 우리 수중전 해요."

순간, 아이들의 함성이 터졌다. 더는 교실에 앉아 쏟아지는 비타령만 할 분위기가 아니었다.

"괜찮겠나?"

"네."

"좋다. 모두 운동장으로 집합."

소리가 떨어지기 무섭게 와! 함성을 지르며 신나서 운동장으로 달려갔다. 즉석에서 번호에 따라 홀수와 짝수로 편을 나누었다.

“자, 지금부터 공을 2개 놓고 수중전 럭비를 하는 거다.”

공을 발로 찰 수도 있고 손으로 잡고 달릴 수도 있다는 간단한 규칙만 설명한 채 나도 녀석들과 섞여 신나게 달리고 함께 뒹굴었다. 하늘에 구멍이라도 난 듯 세찬 빗줄기는 그칠 줄 몰랐다. 철없는 담임과 학생들은 맘껏 소리 지르며 공을 쫓고 공 잡은 친구의 뒤꽁무니를 따라 달렸다. 거무스레한 흙탕물도 개구쟁이의 뜀박질을 막을 수 없었다. 그렇게 전반전이 마무리될 무렵, 어느새 다른 반 학생들도 우리 반 틈에 섞여 있었다.

종일 내린다는 비 소식에 그날 체육대회를 취소했다. 하지만 우리 반 학생들은 집에 가는 것도 잊은 채 신나는 단합대회를 했다. 예상에 없었던 즉석 이벤트 덕분에 그때부터 학급 분위기는 최고였다. 나와 학생들은 눈빛만으로도 손발이 척척 맞았다. 학급 회의를 통해 학년 말에 치를 학생회장단 선거에 우리 반 실장과 부실장이 학생회장, 부회장에 출마하기로 했다. 우리 반 전체가 하나의 입을 가진 것처럼 선거운동을 했으니 당선은 떼놓은 당상이었다.

이 가운데 내가 40대 중반일 무렵 주례를 맡겨 주례 물꼬를 트게 만든 녀석도 있다. 어느덧 세월이 참 많이 흘렀다. 개구쟁이들이 벌써 40대가 되었다. 가끔 어디에서 무슨 일을 하고 사는지 궁금하다. 모두 사회에 꼭 필요한 주춧돌이 되었을 것이다. 교직 초창기에 겁 대신 패기가 넘치던 시절이었다. 만약 지금, 그때처럼 장대비가 쏟아진다면 학생들은 어떻게 행동할까, 또 담임선생님들은, 이제 교장이 되어 학교 전반적인 부분을 돌아보아야 할 나는.

"개구쟁이라도 좋다. 튼튼하게만 자라다오." 라는 오래전 유행했던 어느 제약회사 광고 문구가 떠오른다. 우리 학교 귀공자들이 온실 속의 화초가 아니라 비바람을 이겨내고 더디지만 강하게 커가는 들꽃이 되었으면 좋겠다. 저마다 빛깔과 향기로 제 몫을 하기 바란다.

더불어 살아가기

며칠 전, 인터넷을 검색하는데 짧은 글 한 편이 내 눈길을 사로잡았다. 읽고 난 다음에도 한참 동안 머릿속에서 지워지지 않았다.

“눈보라가 치는 험한 산길을 두 여행자가 같은 목적지를 향해 부지런히 걷고 있었다. 두 사람은 세찬 칼바람에, 온몸이 얼어오는 듯한 추위 속에서, 눈밭을 헤치며 걸음을 재촉했다. 아무리 걸어도 민가는 보이지 않았다. 얼마쯤 갔을까. 깊은 산속에 한 노인이 쓰러져 있었다.

‘우리 이 사람을 같이 데리고 갑시다. 그냥 두면 곧 얼어 죽을 것이요.’

그러나 한 동행자는 ‘미쳤소? 우리도 죽을지 살지 모르는 판에, 한

가하게 누구를 돕는단 말이요'하고 오히려 화를 내며 먼저 가버렸다. 망설이던 여행자는 쓰러진 노인을 등에 업고, 있는 힘을 다해 발걸음을 옮겼다. 눈보라는 갈수록 심해지고 이제는 자기 한 몸조차 움직이기도 힘들었다. 무겁고 힘든 고통을 참으며 이 노인을 업은 채 험한 산길을 걷다 보니, 온몸에서 땀이 흐르기 시작했다. 그때, 등에 업힌 노인의 몸이 더운 체온으로 점점 녹았고 그 노인은 의식을 회복했다.

마침내 마을 가까이 왔을 때, 그들은 길가에 쓰러져 얼어 죽은 사람을 발견하고 놀랐다. 그는, 앞서 혼자서만 살겠다고, 죽어가는 사람을 외면하고 가버렸던 젊은이였다. 반면에 자기의 어려움을 돌보지 않고 죽어가던 사람을 업고 간 사람은, 두 사람의 체온으로 자기도 살고, 다른 사람도 살렸다." 이 이야기는 인도의 성자 '썬다 싱'의 실화로 알려져 있다. 눈앞의 이익과 편리를 추구하는 현대인에게 커다란 감동과 교훈을 주고 있다.

언론 보도에 따르면 2017년도 우리나라의 세계 경제 순위는 GDP 기준 세계 12위를 나타냈다. 유엔에 가입한 약 200여 개 국가 중에서 작은 국토에 그마저 반으로 나뉜 나라가 강대국과 여러 가지 면에서 어깨를 나란히 하는 대단한 나라이다. 많은 비결이 있겠지만 대다수 국민이 맡은 분야에서 최선을 다한 산물이 아닌가 여긴다. 비약적인 민주화, 잘 갖춘 전산망, 체계적인 의료 시설 등 우리 사회에 밝은 부분이 많다. 하지만 주변에는 아직도 누군가의 손길이 절실히 필요한 사회적 약자가 많이 있다.

학교 울타리 안에는 업무에 따라 다양한 교직원이 있다. 일단 정규직으로 정년 신분을 보장받으며 학생을 가르치는 교원과 행정 업무를 담당하는 교직원이 있다. 그리고 정규 교원과 똑같이 학생을 지도하지만 신분이 한시적으로 보장되는 기간제 교원이 있다. 이외에도 선생님의 업무를 덜어주며 도움을 주는 교무실무사, 학생과 교직원의 영양을 책임지는 급식실에는 영양사와 조리원, 학생들이 등하교 때 안전을 돌봐주는 안전지킴이, 기숙사 관리를 맡은 사감, 야간에 학교를 관리하는 숙직원, 복도와 계단 등 시설의 청결을 책임지는 청소원, 운동부 코치 등이 있다. 이들이 톱니바퀴처럼 잘 물려 돌아갈 때 커다란 학교가 제 역할을 충분히 할 수 있다.

이 가운데 교원과 행정실 선생님을 제외한 구성원을 공무직 근로자라 한다. 대부분 무기 계약직이어서 본인 의사에 따라 계약 기간을 자동 연장한다. 하지만 안전지킴이나 청소원, 사감, 코치 등은 해마다 계약을 체결해야 근무를 보장받는 계약직 근로자이다. 더구나 이들의 급여는 박하고 근로 조건도 열악하다.

이번 여름은 기상 관측 이래 최대치의 무더위를 기록하고 있다. 이러한 폭염 속에서 안전지킴이 선생님이 근무하는 정문 옆 사무실에는 에어컨이 없었다. 뒤늦게 주문했으나 설치 기사들 업무가 폭주해 가을에나 설치가 가능하다는 답변이 돌아왔다. 그분께 정중하게 사정을 말씀드리고 양해를 구했다. 등에 커다란 멍에를 진 것처럼 마음이 찜찜했다.

어제 선생님과 대화를 나누다가 다시 한번 내 불찰을 깨우치는 이야기를 들었다. 지금까지 휴식 시간에 행정실에서 지내는 줄 알았던 청소원 선생님이 마땅히 쉴 공간이 없었다는 것이다. 일을 마치고 나면 땀 냄새가 많이 난다는 이유로 본인이 행정실을 마다하고 남자 선생님 샤워장 구석에 의자를 두고 쉼터로 삼고 있었다. 막 일흔을 넘긴 분이 이 무더위에 통풍도 잘 안 되는 곳에서 자투리 시간을 보낸 것이다. 올여름 무더위에 선생님과 학생들은 이른 아침부터 시원한 에어컨 바람 아래에서 생활했다. 이분의 사정을 듣고 보니 외진 곳에서 힘들게 근무하는 교직원을 세심하게 살피고 배려하지 못한 내 무책임에 화가 났다.

관리자는 학교의 모든 구성원이 행복한 마음으로 동행할 수 있도록 맡은 역할을 다 해야 한다. 간부회의를 마치고 교감, 행정실장과 이 내용에 관해 협의했다. 다행히 낮에 비어 있는 숙직실을 쉼터로 드리기로 했다. 언제부터인가 우리 학교 화장실 문마다 붙어 있는 글귀다. "화장실을 깨끗하게 사용해 주세요. 이곳을 청소해 주시는 분들, 누군가에겐 전부인 사람입니다. – 더불어 살아가는 원광고등학교 –"

항상 나보다 어렵고 힘겨워하는 약자를 더 잘 보살펴야 한다고 입버릇처럼 말했다. 그런 사람과 손잡고 동행해야 한다고 말했다. 적어도 그렇게 실천하고 있다고 생각했다. 하지만 어제 일을 생각하면 한없이 부끄럽다. 지금까지 그런 이웃을 세심하게 배려하지 못하고 건성으로 살아온 것 같다. 오늘따라 화장실 앞 글귀가 더욱더 세차게 가슴을 때렸다.

마음을 기울이면

대학에 다녔던 때였으니 벌써 30년은 족히 지났다. 그때는 뭐가 그리 바빴는지 도서관과 거의 담을 쌓고 지냈다. 아마 산을 깎은 언덕에 자리 잡은 탓도 있겠다. 그렇지만 한 학기에 서너 번씩은 도서관을 지나칠 수가 없었다. 그곳에서 소위 말하는 시험 문제에 관한 족보가 흘러나왔으니 말이다. 수업을 마치고 부지런히 비탈길을 올라 도서관 문을 열면 사람이 드문드문했다.

버스를 타고 통학하던 시절이 있었다. 예나 지금이나 시내버스는 지정 좌석이 없다. 버스를 기다리다 문이 열리면 서로 자리를 차지하려고 한바탕 소동을 벌였다. 열린 창문 틈으로 책가방을 던져 자리를 맡아놓는 명석한(?) 친구도 있었다. 이런 친구들이 도서관을 차지한 듯 빈자리마다 책가방이 언제 올지 모르는 주인을 기다렸다.

기차나 고속버스, 영화관, 비행기는 예매를 할 경우 본인이 희망하는 자리를 우선 배정해 준다. 조금 늦는다고 자리 문제로 걱정하지 않아도 된다. 덕분에 조급하게 서두를 필요가 없다. 공공기관이나 학교를 방문하면 대개 기관장의 주차공간이 정해져 있다. 그곳을 대표하는 사람에 대한 배려이거나 업무상 출입이 잦은 점을 고려한 조치일 것이다. 지난해 3월, 이쪽 학교로 부임하여 근무를 시작했다. 출입하기 좋은 곳에 교장과 교감을 위한 주차공간이 있었다. 물론 모든 선생님도 각자 주차공간이 정해져 있었다. 감사한 마음으로 생활했다.

여럿이 살다 보면 이따금 생각하지 못한 일이 생기기도 한다. 사소한 일에서부터 때로는 전체가 함께 생각해 보아야 할 까다롭고 무거운 문제까지 다양하다. 어느 날 회의 시간에 선생님 한 분이 지정 주차에 대하여 문제를 제기했다. 선생님의 근무 상태를 감시하는 것으로 남용할 수 있다는 의견이었다. 바라보는 방향에 따라 그럴 수 있겠다고 생각했다. 찬찬히 따져보니 교직원 차량에 비해 교내 주차시설이 넉넉하지 않다. 그래서 후미진 곳까지 주차시설을 늘렸다. 그곳에는 운전이 서툰 선생님이 주차하기에 불편했다. 고민 끝에 처음에 지정 주차가 생긴 내막을 알아보았다. 지정 주차를 하기 전에는 여러 선생님이 출근하면서 주차 문제로 스트레스를 받았다고 했다. 이런 고민을 해결하기 위해 의견을 모아 수년 전부터 지정 주차제를 시행하여 이어오고 있는 터였다.

교감 자리는 대개 교무실 가운데에 있다. 교감 2, 3년 차가 되면 안다. 일하면서 고개를 숙이고 있어도 슬리퍼 끄는 소리만 들어보면 어떤 선생님이 다가오는지. 이럴 때, 같은 일을 가져와도 마음 편하게 건의해주는 선생님이 있다. 누군가는 쉽게 해결하기 어려운 문제를 들고 오기도 한다. 바로 답을 낼 수 없는 당황스러운 순간이다. 이럴 때 교감은 교장실로 달려가면 된다.

교장 자리는 별도 공간인 교장실이다. 그곳에서 열심히 일하는 척, 업무를 다 알고 있는 척하지만 그렇지 않다는 것을 알 만한 사람은 알고 있다. 역시 똑같은 일을 더 복잡하고 난감하게 만들어 가지고 오는 선생님이 있다. 이럴 때는 여름에 팔팔 끓는 물을 주고 싶다. 겨울철에는 차가운 물에 얼음을 띄워 주고 싶은 생각이 든다.

언제부터인지 그런 일에 부딪힐 때 해결할 수 있는 대안이 생겼다. 조급한 마음을 버리는 것이다. 일단 상대의 의견을 충분히 들어주어야 한다. 그렇게 기다리면서 생각의 끈을 느슨하게 풀어야 한다. 기다리면서 그저 시간만 흘러간다고 초조해하면 안 된다. 기다리는 시간은 문제를 해결할 수 있는 실마리를 숙성시키는 과정이다. 마치 겨울철에 나무가 침묵하는 것과 같다. 나무에 변화가 없다고 죽은 것이 아니다. 봄이 되면 어김없이 움을 틔우고 꽃을 피운다. 훌륭한 정신과 의사는 직접 처방을 내리지 않는다고 하지 않던가. 내담자의 이야기를 잘 들어만 주어도 마음의 상처와 고통이 치유된다고 했다. 눈을 마주하며 느긋하게 들어주고 고개를 끄덕여 줄 수 있는 여유를 가져야 한다. 여유는 갈등을 해결하고 대안을 찾는 힘이 된다.

새 학기를 시작하기 전, 전체 선생님과 주차 문제에 대해 서너 차례 의견을 나누었다. 지정 주차제를 근무 태도 감시용으로 악용할 소지가 없으니 전처럼 했으면 좋겠다는 생각이 다수였다. 대신 이번에는 각자 위치를 다시 정하자는 말도 함께 나왔다. 나도, 교감도 지정 자리를 양보했다. 모두 새로운 번호표를 뽑았다. 이날 아침, 어떤 번호표를 뽑았느냐에 따라 교무실에 웃음의 온도가 달라졌다. 집단지성을 발휘하여 갈등과 고민을 해소하는 시간이었다.

처음 교장이 되었을 때 다짐했다. 선생님이 어려움을 겪을 때 우산을 들어 주기보다 기꺼이 함께 비를 맞으며 동행하는 것을 마다하지 않겠다고. 아직도 어설프다. 곁에서 훌륭한 선생님이 동행해주시니 그나마 위안이 된다. 개나리가 철쭉을 보고 시샘하지 않고 철쭉은 개나리를 보고 질투하지 않는다. 틀림이 아닌 다름을 인정하면 모든 것이 다행이고 고마운 일이다. 상대의 입장에 마음을 기울이고 존중해야 한다는 소중한 교훈을 얻었다.

오늘도 종일 교장실에서 열심히 일하는 척 자리를 지키고 있었다. 어느덧 눈높이와 수평을 이룬 햇살이 어서 일어나라고 재촉했다.

사람이 봄이다

지난 주말, 미륵산을 향해 뻗은 탑천길을 따라 걸었다. 살갗을 스치는 바람이 부지런히 봄을 나르고 있었다. 이 기운에 취한 이름 모를 들풀은 어느 틈에 좁쌀만한 보라색 꽃눈을 품고 있었다. 소리 없는 부산함 속에서 이해인 님이 쓴 '봄이 오는 길목에서'라는 시가 둥실 떠올랐다.

"하얀 눈 밑에서 푸른 보리가 자라듯 / 삶의 온갖 아픔 속에서도 / 내 마음엔 조금씩 / 푸른 보리가 자라고 있었구나 / (중략) / 내가 사는 세상과 내가 보는 사람들이 / 모두 새롭고 소중하여 / 고마움의 꽃망울이 터지는 봄 / 봄은 겨울에도 숨어서 / 나를 키우고 있었구나"

물러서지 않을 것 같던 추위도 이제 봄 앞에서 뒷모습을 보인다. 언 땅속에서는 생명이 숨 쉬고 희망이 움트고 있다. 불어오는 바람에 실려 머지않아 지천에서 파릇한 봄이 기지개를 켜고 우리 곁으로 다가올 것이다.

흐르는 시간을 따라 우리는 새로운 계절을 맞이한다. 하지만 저절로 오는 것이 어디 있겠는가. 겨울이 다가오면 나무는 잎을 떨구고 추위를 견딜 채비를 한다. 봄을 맞이하기 위해 더 깊은 물가로 뿌리를 내린다. 계절은 저마다 다양한 매력을 지니고 있다. 이 가운데에서도 봄만큼 우리 마음을 부풀게 하는 것이 있을까. 여태 새 여름, 새 가을, 새 겨울이라는 말을 들어본 기억이 없다. 봄은 혼자 몰래 오지 않는다. 항상 새 옷을 입고 화사한 차림으로 다가온다. 새 기분으로 맞는 첫 봄을 새 봄이라며 환호한다.

봄은 시작을 의미하기도 한다. 새 출발이라는 설렘과 희망을 더 예쁘게 전하고 싶을 때 봄이라는 포장지로 곱게 싼다. 청년을 봄에 비유하기도 한다. 청년을 청춘이라고도 하지 않는가. 새로운 싹이 돋기 시작하는 청춘은 아직 여물지 않은 날알이다. 누군가에게는 희망이기도 하고 어떤 이에게는 인고의 시간일 수도 있다.

문득 내 청춘 시절이 떠오른다. 고입과 대입 시험에 낙방하여 크게 좌절한 시간이었다. 마치 세상의 모든 불행이 내 안방을 차지한 것처럼 혼란스러웠다. 그런 뒤 주변에서 후기 인생이라는 달갑지 않은 별명을 붙여주었다. 당시 봄은 채 봉오리를 피우지 못한 나에게 희망이 아닌 혹독한 시련을 대신하는 말이었다. 대학에 진학하고서는 학과 공부와 학생회 활동을 열심히 했다. 덕분에 다양한 경험을 쌓았다. 이 경험은 훗날 내가 교사로 부임해 새로운 삶을 열 때 아름다운 꽃으로 피었다.

부임 첫해부터 담임을 맡았다. 어느덧 30여 년이 흘렀지만 지금도 그 무렵 대부분 학생의 이름과 번호를 기억하고 있다. 당시 꼼꼼하게 기록했던 교무수첩이 한 권도 빠짐없이 책꽂이에서 키재기하고 있는 덕분이다. 이따금 제자를 만나기 전에 수첩을 꺼내 보며 그 시절을 떠올린다. 가족관계, 교우관계는 물론 성적까지 화제에 올릴 때는 모두 토끼 눈이 되어 나를 바라본다. 그때가 교직을 시작하면서 느낀 봄날이었다. 시간이 흘러 교감, 교장이 되면서 교실에서 학생과 함께 하는 시간이 줄었다. 대신 전교생의 담임이 되어 귀공자들이 신나고 행복한 학교생활을 할 수 있도록 최선을 다한다. 학생 지도에 여념이 없는 선생님의 노고를 함께 짊어지려고 에너지를 쏟는다.

이제 곧 개학이다. 한 학년을 마치고 잠시 쉬었다 새 봄이 되어 찾아올 학생을 생각하면 가슴이 부풀어 오른다. 그들은 뽀얀 나이테 하나 더 두르고 그 품 안에 연둣빛 봄을 가득 담아 올 것이다. 아이와 청소년만큼 예쁘고 사랑스러운 꽃이 어디 있을까. 초등학교 6년을 마치고 두려움 반, 호기심 반 부푼 모습으로 교문에 들어설 새 제자들, 한층 의젓해진 모습으로 진급하게 될 재학생들, 이 귀공자들이 꽃을 활짝 피울 수 있도록 선생님은 방학기간 동안 꾸준하게 자신을 닦았다. 더 쾌적한 환경을 갖추기 위해 겨우내 추위를 무릅쓰고 시설 개선에 수고한 선생님도 계셨다. 나도 예상하지 못했던 새 학년 인사이동에 방학을 촘촘하게 쪼개야 했다. 한 조각은 전임지 업무 마무리에 쓰고, 또 한 조각은 새로운 학교 설계에 그리고 나머지 몇 조각은 예쁜 봄꽃을 피우기 위한 밑거름으로 뿌려 두었다. 누구나 맞이하는 봄이지만 이렇게 준비한 이의 봄은 더욱 푸질 것이다.

새 봄에 하나의 목표를 가지고 같은 방향을 바라보며 선생님과 귀공자들이 함께 피울 꽃을 상상한다. 이보다 더 아름다운 꽃밭이 또 있을까. 그래서 내게는 사람이 봄이다.

귀한 손님

사람이 찾아온다는 것은 참 행복한 일이다. 정현종 시인은 그의 시 「방문객」에서 이렇게 노래했다.

"사람이 온다는 건/ 실은 어마어마한 일이다.// 그는/ 그의 과거와 현재와/ 그리고/ 그의 미래와 함께 오기 때문이다.// 한 사람의 일생이 오기 때문이다.//" (생략).

이 정도로 만남은 어마어마한 일이 될 수도 있다. 내게는 학생이 제 발로 교장실을 찾아오는 것이 참 어마어마한 일이다.

이번 겨울방학 기간에 교실 천장 석면 제거 공사를 하기로 했다. 공사 기간을 확보하려고 부득이 봄방학을 없앴다. 1월 초까지 수업을 진행해야 나머지 수업 일수를 채울 수 있기 때문이다. 내일이면 학교의 한 해 농사를 마무리한다. 오전에 1, 2학년 종업식을 마치고 오후에는 3학년 졸업식이 이어진다. 며칠 새, 학년말 업무 마무리와 각종 회의가 겹쳐 어수선하고 마음이 급했다.

아침 간부회의를 막 끝낸 시간이었다. 누군가 교장실 문을 힘차게 두드렸다. 빼꼼히 고개를 내미는데 낯이 익은 녀석들이었다. 내일 졸업식 주인공들이다. 어찌 왔느냐고 물으니 졸업을 앞두고 교장에게 미리 인사하러 왔다고 했다. 반갑고 고마웠다. 한 명씩 덥석덥석 안아주었다. 이러고 나서 나하고 미리 졸업 기념사진을 찍자고 했다. 한 녀석이 교장실을 나가 문 뒤에 숨어 버렸다. 사진 찍는 것이 부담스러웠던 모양이다. 달래서 옆자리에 세웠다. 이 가운데 두어 명은 교복에 보푸라기일 듯 학교생활에 적응하지 못하고 심하게 홍역을 앓았다. 담임 선생님 애간장을 녹였다. 학생부 선생님의 인내심을 시험했다. 그때마다 녀석을 교장실로 불러 이야기를 들어주었다. 최대한 눈을 맞추고 고개를 끄덕였다.

흔히 사람은 열두 번 변한다고 한다. 레일 위를 달리는 기차처럼 정해진 궤도만 걷는 사람이 몇이나 될까. 이따금 한눈팔다 돌부리에 걸려 휘청거릴 때도 있다. 깜깜한 밤중에 발을 헛디뎌 구렁텅이에 빠지기도 한다. 그렇게 헤매다 넘어지고 깨질 때가 있다. 다시 추스르고 가다 보면 조금 늦을 수 있다. 요즘 중학생을 가리켜 어디로 튈지 모르는 럭비공 같다고 한다. 제일 무섭다고 한다. 갈팡질팡하던 시간도 지나고 보면 찰나에 불과하다. 잠시 한눈팔았다가 제 길을 찾으면 된다. 그래서 열두 번 바뀌는 것이다.

엊그제, 졸업생에게 들려줄 이야기를 정리했다. 결혼식 주례사와 졸업식 회고사에서 하고 싶은 말을 주저리주저리 늘어놓는 것은 큰 효과가 없다. 적어도 내 경험에 따르면 그렇다. 재주껏 최대한 줄였다. "졸업생 여러분! 후회해도, 후회하지 않아도 시간은 흐릅니다. 여러분은 지금부터 남이 시키는 일이 아닌 자신이 좋아하는 일이 무엇인지 찾는 연습을 하세요. 비틀거리고 넘어질 때도 있습니다. 하지만 그렇게 가다 보면 더 재미있고 가슴 뛰는 일이 보일 것입니다. 그때 꽉 움켜잡으면 됩니다. 아무리 잘난 사람이라도 시간을 빌려 쓸 수는 없습니다. 대신 아껴 쓸 수는 있습니다. 그 방법 가운데 하나가 바로 책을 읽는 것입니다. 자신의 삶을 즐기며 살았던 사람이 쓴 책이 많이 있습니다. 이런 책을 읽으면서 그 사람의 발자취를 더듬어보는 시간이 필요합니다.

한 가지만 더 당부합니다. 우리는 절대 혼자서 살 수 없습니다. 내 이웃에 관심 가지고 공감해야 합니다. 그들과 나누고 연대해야 합니다. 연대란 다른 이들과 한 덩어리로 굳게 뭉친다는 것입니다. 다른 사람의 처지를 이해하고 기꺼이 다가가는 것입니다. 그들의 아픔과 슬픔을 함께 나누고, 내가 가진 것을 기꺼이 내놓을 수 있어야 합니다. 그런 훈훈한 인성을 지닌 귀공자가 되기 바랍니다."

다 쓰고 나서 내가 겪은 중학생 시절을 돌아보았다. 의기양양했다. 그러다가 고등학교 입학시험에 떨어졌다. 둘러보아도 내 편은 없었다. 아팠다. 철들고 처음 겪는 고통이었다. 겉으로는 아무렇지 않은 척, 강한 척하면서 여기까지 왔다. 아니, 외려 그런 아픔이 나를 여기까지 데려왔다는 것이 더 정확하겠다.

요즘 명예퇴직을 신청하는 교원이 늘고 있다. 교육 현장의 여건이 예전과는 판이하다. 갈수록 교권이 추락하고 있다. 일부 학부모는 선생님을 마치 물건을 수리해주는 기술자 정도로 여기기도 한다. 자신의 마음에 들지 않으면 시시콜콜한 것까지 요구하고 간섭하려 든다. 교직에 보람을 느끼기 어려운 현실도 명퇴를 신청하는 커다란 이유 가운데 하나일 것이다. 힘든 교단을 떠나려 하는 선생님의 심정을 이해할 수 있다. 한편 '선생님이 힘들어하는 학교를 학생은 어떻게 생각할까. 학생이 힘들어하지 않고 다니고 싶은 학교를 만들 수는 없을까' 하는 고민에 잠긴다.

교장실에 올 때마다 마치 아픈 아기를 품에 안은 엄마 표정을 짓던 녀석들이 아침부터 내게 기쁨을 잔뜩 주고 갔다. 환한 표정을 보니 더는 아프지 않을 것 같다. 문득 사소한 것에서 귀한 것을 깨닫는다. 평소 학생에게 눈 맞추고 끄덕인 고개의 횟수만큼 녀석들의 얼굴이 활짝 피었다. 오늘 귀한 손님이 다녀간 교장실에 때 이른 봄이 기웃거렸다.

행복한 교육공동체

이번 여름방학은 약 2주 정도로 짧았다. 지난해 말 교직원 회의에서 여름방학을 줄여 학습 누수를 막고 대신 겨울방학을 길게 잡자는 의견에 따른 것이다. 방학을 시작하며 1층 천장 석면 텍스 제거 공사를 하려고 했다. 방학 기간에 작업을 마치려면 방학 전부터 사전 작업을 진행해야 했다. 이것을 준비하느라 담당 선생님께서 수고를 많이 했다. 석면이 인체에 해롭다는 연구 결과가 잇따라 나와 무엇보다도 학생과 선생님의 건강과 안전에 특별히 신경을 썼다. 학부모 대표와 시민단체 회원으로 구성한 석면 모니터단이 현장에서 구슬땀을 흘리며 점검했다. 다행히 유해 잔재물이 없어서 공사를 예정대로 진행해 참 감사했다. 방학하는 동안에도 입시를 눈앞에 둔 3학년은 대부분 자율 학습에 참여했다. 1, 2학년은 희망자에 따라 학교를 개방하여 학습을 독려하였다. 특히 3학년 담임 선생님은 수시 입시에 대비하는 학생을 상담하느라 잠시도 쉴 겨를이 없었다. 발목뼈에 금이 가서 깁스를 한 채 목발에 의지하고 절뚝거리며 학교에 나오는 선생님도 계셨다. 학생 상담 때문에 자리를 비울 수 없으니 대신 남편이 운전하여 출퇴근을 도와주셨다. 그 선생님은 맡은 책임을 다하려는 소명 의식이 투철했다. 그 모습을 보며 우리 귀공자들은 무슨 생각을 할까?

방학 기간에 학생 생활기록부를 정리하기 위해 거의 모든 선생님이 출근하여 최선을 다했다. 선생님은 자신이 기록하는 내용이 제자들의 진학과 장래에 영향을 미칠 수 있다는 것을 누구보다 잘 안다. 학생의 장점을 잘 살피고 꼼꼼하게 기록했다. 방학 기간이고 불볕더위에도 불구하고 학생의 진로 활동을 위해 서울과 세종시로 학생을 인솔하여 다녀오신 선생님이 계셨다. 선생님의 헌신을 바탕으로 학생, 학부모의 적극적인 공감이 이루어질 때 교육공동체에는 신뢰라는 움이 튼다. 이를 시작으로 배움의 깊이가 깊어지고 행복한 학교가 되리라 확신한다.

해마다 실시하는 여름방학 호주 어학연수에 올해는 13명의 귀공자가 참가했다. 인천공항으로 떠나는 날 학생들에게 건강하게 다녀오라고 당부했다. 예전에 인솔 교사는 학생들이 현지에서 적응하는 1주일 정도가 지나면 귀국했다. 그 후에는 현지 코디네이터가 학생들을 돌보며 관리했다.

올해 인솔을 담당한 교사는 연수 기간 내내 현지에 머물며 학생들을 관리하겠다고 했다. 학교와 학부모 입장에서는 더할 나위 없이 다행스러운 일이다. 하지만 선생님이 20여 일을 가족과 떨어져 학생들과 함께 지내는 일이 쉽지 않다. 그 열정에 미안함과 고마움을 전했다. 선생님이 현지에서 종종 카톡으로 소식을 전했다. 한국으로 돌아오는 날, 우여곡절이 있었으나 무사히 귀국한다는 메시지를 보냈다.

개학일 아침 출근하는 길에 인솔을 마친 선생님이 교장실에 들렀다. 귀국 인사와 그간 있었던 일을 보고하기 위해서이다. 정말 고맙고, 수고했다는 인사를 건넨 다음 그에게 들은 우여곡절은 이랬다. 연수를 시작한 지 얼마 지나지 않아 한 학생이 아랫배의 통증을 호소했다. 처음에는 대수롭지 않게 여기고 진통제를 건네주었다. 하지만 통증이 계속되어 현지 병원에 데리고 갔다. 생각하지도 못한 응급수술을 해야 하는 일이 벌어졌다. 어머니와 통화하여 수술 허락을 받아야 하는데 어머니가 선뜻 결정을 내리지 못했다. 다급한 상황이라 많이 당황했지만, 통증이 심해 수술을 미룰 수 없었다는 것이다. 다행히 건강을 찾아 함께 연수를 마무리했다.

수술을 잘 마쳤다니 감사했다. 만일 그 선생님이 현지에 체류하지 않았다면 어땠을까. 어미와 하나 되던 탯줄은 잘렸지만, 자식이 아프면 부모도 함께 아프다고 했다. 이역만리 타국에서 자식의 몸이 아프다는 소식을 듣는 부모의 마음은 오죽했을까. 무엇이든 본보기가 되기 위하여 최선을 다하는 선생님이 계셔서 참 든든하다. 거듭 학생들과 마지막까지 함께 한 선생님께 감사를 전했다.

개학일 복도에서 마주치는 귀공자의 밝고 씩씩한 인사 소리에 나는 등을 토닥이는 것을 품앗이로 한다. 오뉴월 하룻볕이 무섭다더니 방학을 마치고 성장기의 귀공자들이 더욱 의젓해진 것 같아 흐뭇하다. 쉬는 시간에 각 학년 교무실에 인사차 들렀다. 방학기간 동안 1급 정교사 연수를 받는 선생님을 제외하고 모두 건강한 모습으로 맞이해주었다. 비록 2주간의 짧은 방학이었지만 나름대로 각종 연수와 자기 계발 시간을 가졌다. 2학기 귀공자 지도를 준비한 선생님 모두 더욱 행복했으면 좋겠다.

공감

운전할 때 거의 고정하여 듣는 라디오 주파수가 있다. 퇴근길에 시동을 켜자 오늘도 어김없이 방송이 흘러나왔다. 마침 오후 여섯 시가 되면서 새로운 프로그램을 시작했다. 진행자가 부드러운 목소리로 말문을 열었다. 한마디라도 놓치지 않으려고 귀를 바짝 곤두세웠다. 평소 책과 신문을 보거나 방송을 들을 때 가볍게 흘려보내지 않으려고 애를 쓴다. 글 쓸 때 좋은 소재를 얻기 위함이다.

"테니스 황제라고 부르는 로저 페더러는 경기에 임할 때 그만의 특별한 마음가짐이 있다고 합니다. 예를 들어, 첫 번째 서브를 실수했다면 이렇게 마음을 다잡는 거죠. '다시 첫 번째 서브를 넣어야겠다.' 보통 사람 같으면 첫 번째 서브를 실수했을 때, '이번엔 절대 실수하면 안 돼.'라고 생각할 텐데요. 페더러는 두 번째 서브도 첫 번째 서브를 하듯이 자신감 있게 넣었다는 겁니다. 학자들은 이것을 뇌 과학적으로도 증명하였는데요. 우리의 뇌는 부정적인 감정에 더 민감하게 작용하기에 '안 돼'가 아닌 '할 수 있다'라는 암시가 좋은 영향을 끼친다고 합니다. 우리의 일상도 그랬으면 좋겠습니다. '싸우지 마, 대체 왜 그래?'가 아니라 '사이좋게 지내자. 그럴 수도 있지.'라는 긍정적인 표현들로 채워보는 겁니다. 그런 긍정적인 마음가짐이 우리의 모든 것을 바꿔놓을지도 모릅니다."

아나운서의 이야기를 들으면서 어제 교직원 소화제 시간에 매끄럽지 못했던 내 발언을 떠올렸다. 3월에 부임하여 매주 한 번씩 짧게 했던 직원회의에 변화를 주고 싶었다. 학교가 안고 있는 문제점과 그 밖에 공유하고 싶은 것을 허심탄회하게 나눌 시간이 필요하다고 생각했다. 궁리 끝에 매월 1회, 한 시간 동안 전체 선생님이 함께 모이는 시간을 갖기로 했다. 편안한 마음으로 참석하도록 간식과 음악을 준비하고 선생님을 맞이했다.

첫날에 한 분도 빠짐없이 회의에 참석했다. 우리학교는 열정적으로 지도해주시는 선생님이 계셔서 학생 만족도가 높다. 주말과 휴일도 잊은 채 학생과 함께 하는 선생님 덕분에 학부모님도 우리 학교를 선호한다. 그때마다 선생님께 진심으로 감사하는 마음을 전했다. 불편하지 않도록 원만한 진행을 위하여 될 수 있는 한 발언을 삼가고 마이크를 잡지 않았다.

어제 교직원 회의 시간에 있었던 일이다. 먼저 각 부서에서 알리거나 연수해야 할 것을 전달했다. 서너 달을 지내면서 함께 생각해 볼 부분이 있었다. 회의를 마무리할 무렵 마이크를 잡았다. 요즘 회의 시작할 때마다 1/3 정도 선생님이 늦게 참석한다. 회의 시간과 수업 시종 시간을 잘 지켜달라고 했다. 근래 학생 문제로 학부모 민원이 잦다. 갈수록 선생님이 보호받기 어려운 현실이니 스스로 조심해야 한다고 했다. 그렇게 이야기하는 동안 회의실 분위기는 가라앉았고, 내 마음도 편하지 않았다.

짧은 시간이었지만 라디오 진행자 말이 커다란 깨달음을 주었다. 선생님들께 왜 그렇게 울퉁불퉁하게 전달했을까. 사실 회의하기 전 어떻게 하면 선생님 기분을 상하지 않도록 할까 고민했다. '선생님, 감사합니다. 많이 바쁘시죠. 시작할 때 서너 분이 늦으셨네요. 다음에는 조금 일찍 서두르셔서 같이 시작하였으면 좋겠습니다.' '요즘 학생 지도하느라 얼마나 힘드십니까. 저도 교사로 학생들 지도했을 때 체벌 문제로 학생, 학부모와 많은 갈등을 겪었습니다. 선생님의 그 마음을 제가 누구보다 잘 압니다. 앞으로 그런 순간이 닥치면 숨 한번 크게 들이쉬고 잠시 창밖으로 눈을 돌려보면 어떨까요.' 회의를 마치고 나서야 이렇게 마음을 전하지 못해 안타까웠다. 분명 긍정적인 자세로 선생님의 마음을 읽어주는 것이 먼저였어야 했다.

이따금 학생과 갈등을 겪는 선생님과 상담할 때가 있다. 학생과 관계가 틀어지면 가장 상처받는 사람은 바로 선생님이다. 이야기하다 보면 때론 원망 섞인 한숨을 쉬기도 하고 교직에 들어온 것을 후회하기도 한다. 그때 그 자리에서 무엇인가를 해주어야 한다는 조바심을 버리고 그의 마음이 어떤지 물어보았는가. '그렇군요.' '그랬군요.' 이렇게 선생님과 눈빛을 마주하며 아픔을 진지하게 공감해 주었는가.

끓는 물에 당근과 달걀과 소금을 넣으면 어떻게 될까. 당근은 말랑말랑해지고 달걀은 오히려 더욱 단단해진다. 소금은 녹아서 물과 하나가 된다. 말랑해지고 단단해지고 하나 되는 것은 끓는 물에서 가치를 인정받기 위해 공감하며 얻은 생존수단이다. 이렇게 생존하기 위해서는 공감하고 소통하는 방식이 중요하다. 간혹 내 소통방식이 서툴러 선생님과 보이지 않는 벽이 생기는 것을 느낄 때도 있다. 선생님의 생각을 당근과 달걀이나 소금이라고 여기지 않고 나 혼자 끓는 물이 되어 그 안에 들어가려 하지는 않았는가. 내가 원하는 대로 상대의 마음을 움직이고 설득하려고 하지는 않았는가. 논쟁과 설득으로 선생님의 마음을 움직일 수 없다는 것을 알면서도 내 마음을 열지 못했다. 선생님은 이끌고 가야 할 상대가 아니다. 선생님이 끓는 물이 되고 내가 그 안에 들어가 마음을 나누며 성장해야 하는 동반자이다.

이미 한번 입 밖으로 나온 말, 엎질러진 물은 다시 담을 수 없다. '항상 학생, 학부모의 입장에서 생각하자.' '항상 교사의 입장에서 생각하자.'라는 말을 매일 마음에 새기며 다짐하건만 아직도 길눈이 어둡고 서툴다. 선생님과 공감하지 못하고 빈틈이 셀 수 없이 많다. 퇴근길에 들은 로저 페더러의 이야기를 통해 부끄러운 반성문을 쓰는 참이다.

튼실한 다리

어느덧 주말이다, 장마 뒤 폭포처럼 시간이 참 빠르게 흐른다. 박사학위 논문 마무리와 수필집 출간 준비 등 서너 가지 벌여 놓은 일 때문에 요즘 여기저기 둘러볼 여유가 없다. 새벽에 일찍 일어나 운동하는 시간이 오롯한 내 것일 뿐이다. 이 틈을 이용해 일정을 세우고 검토할 수 있으니 참 다행이다.

몇 해 전 교장으로 부임하면서 학생이 신나고 행복한 학교를 만들고 싶었다. 학생이 신나고 행복하기 위해서는 먼저 선생님이 신나고 행복해야 한다. 울타리 안에서 모두가 신나고 행복하려면 어떻게 해야 할지 많은 생각을 했다. 이 가운데 하나가 먼저 선생님과 학생에게 관심을 기울이는 것이다. 진심이 담긴 칭찬과 격려를 통하여 든든한 관계의 다리를 놓아야 한다. 평소 그들의 장점을 찾아 칭찬과 격려를 했다.

선생님과 소통이라는 다리를 세우기 위해 교무회의에 변화를 주었다. 근무하면서 단순한 전달사항이 있을 때는 교내 메신저를 이용하기로 했다. 선생님은 수업 시간에 쫓겨 메신저를 살피는 일도 어려울 때가 있다. 시간을 쪼개 선생님이 나에게 메신저를 보내면 선생님이 맡은 일에 대하여 격려 메시지로 답을 한다. 누구에게나 전할 수 있는 당연한 몇 줄이지만 받는 사람에게는 커다란 힘이 될 수도 있다. 사실은 내가 듣고 싶은 한마디 말을 상대에게 칭찬으로 전해주는 것이다. 이때, 메신저가 선생님과 나를 이어주는 훌륭한 다리 역할을 한다.

다리는 이쪽과 저쪽 사이에 끊어진 부분을 이어주는 것이다. 사람 사이에도 눈에 보이지 않는 마음의 다리를 놓아야 한다. 튼실한 다리는 관계를 한층 단단하게 맺어주는 연결고리가 된다. 삐걱거리는 부실한 다리를 건너는 사람은 잔뜩 긴장하기 마련이다. 비틀거리는 상대를 위해 내가 먼저 손을 내미는 것이 다리를 놓는 일이다.

2018년 4월 27일은 남북한 문제로 한반도에 전 세계의 이목이 쏠린 중대한 날이었다. 그날 남북 정상이 분단의 상징인 군사분계선에서 도보다리를 건너며 단둘이 오래 담소를 나누었다. 지금은 남북 교류가 경직되었지만, '판문점 도보다리'는 새로운 평화의 물꼬를 트는 역사적 현장이 된 셈이다.

오늘 새벽에 휴대전화를 검색하면서 하루를 맞이했다. 참 편리한 세상이다. 스마트폰답게 갖은 소식을 스마트하게 실시간으로 전해준다. 카톡 창을 열어 보면 오늘 생일 맞은 지인들 전화번호 창마다 케

이크에 촛불 밝힌 축하 표시가 반짝인다. 마침 오늘이 우리 학교에 보석 같은 선생님의 생일이었다. 그냥 생일 축하한다는 글귀를 보내기에는 밋밋하고 성이 차지 않았다. 잠시 생각을 다듬었다. 오늘 하루 선생님을 행복하게 해줄 말을 찾으려고 궁리했다. "항상 귀공자들에게 자상하고 성실한 OO 선생님, 오늘 생일이군요. 촉촉한 날씨처럼 꽃씨를 키우는 마음으로 행복한 날 가꾸세요." 마음을 담아 축하 메시지를 보냈다.

급행 티켓을 거머쥐고 답장이 왔다. "으아……. 마음이 몽글몽글해졌어요. 정말 감사하고, 감동입니다. 제가 학교생활 하면서 교장 선생님께 직접 생일 축하 메시지를 받은 건 처음이에요.^^. 감사합니다. 덕분에 행복 꽉 찬 하루 보내겠습니다~!!"

'마음이 몽글몽글하다'라는 신선한 과즙 같은 표현이 오히려 내게 감동을 주었다. 이런 멋진 표현을 앞으로 내가 써도 좋겠냐고 허락을 받았다. 시인이 따로 있겠는가. 그 선생님은 한 마디 표현으로 이미 시인이고, 행동 하나하나가 모범답안이다. 됫박으로 생일 축하해주고 멋진 표현을 말로 받은 셈이다. 오늘 선생님과 마음으로 다가설 수 있는 다리를 놓았다. 선생님 덕분에 이래저래 기분 좋은 아침이었다.

옆 사람을 향해 다가가기 위해서는 내가 먼저 튼실한 다리를 놓아야 한다. 내 관심과 격려가 선생님과 학생에게 따뜻한 소통의 다리가 되게 해달라고 기도한다. 이렇게 마음을 이어 튼실한 다리를 만든다면 학생과 선생님이 저절로 신나고 행복한 학교가 될 수 있지 않겠는가.

3부

사랑이 안주다

새벽을 가르며

이틀 전 처서가 지났다. 여름 내내 주야장천 울어대던 매미는 성대가 벌써 망가졌을 성싶다. 대신 귀뚜라미와 이름 모를 풀벌레가 그 자리를 차지했다. 자전거를 타고 새벽 운동을 나섰다. 처서 이름값을 하는지 몸이 데워지기 전까지 서늘했다. 어제 새벽, 무리하게 고갯길을 올랐나 보다. 무릎을 베고 누운 통증이 여전히 징징거렸다. 평소 하룻밤 지나고 나면 말끔했는데 이번에는 쉽게 물러서지 않는다. 순간, 운동을 하루 건너뛸까 망설였다. 습관대로 자전거를 꺼내 채비를 갖췄다. 졸고 있던 김유신을 태운 말이 천관녀 집을 향하듯, 페달을 밟다 보니 항상 오르던 고갯길을 달리고 있다. 장군은 주인의 뜻을 거스른 말의 목을 쳤지만, 아끼는 자전거를 내손으로 내팽개칠 명분이 없었다.

어느새 온몸이 따뜻했다. 익숙한 듯 무릎 통증은 백 리 너머로 달아났다. 고개 입구에서 물 한 모금 축이며 깊게 숨을 들이쉬었다. 머릿속에는 정상까지 가는 지도가 펼쳐졌다. 한 굽이 돌아가면 또 한 고비가 고개를 내밀었다. 침입자 대하듯 오늘도 어김없이 초파리 떼가 몰려와 눈앞에서 시위를 벌였다. 난 그저 지나가는 사람이라고, 해치지 않을 것이라고 손사래를 쳤다. 저만치 도롯가에 덩치 커다란 고양이가 맥없이 고개를 떨구고 누워있다. 분명 그도 한 가정의 가장이었으리라. 어깨에 딸린 식솔을 거두느라 밤이슬을 맞으며 먹이를 찾아 나섰을 것이다. 눈앞에 어른거리는 가족을 생각하며 한 움큼 더 쥐려고 길을 건넜을 것이다. 꼭 건너야 했던 길에서 버림받고 안간힘을 썼을 것이다. 내동댕이 쳐진 몸이 결국 길가에 드러눕고 말았나 보다. 어느 포식자가 거두지 않으면 비바람에 씻기어 풍장을 치르게 될 것이다. 가족의 배웅도 받지 못하고 외롭게 구천을 맴돌고 있을 영혼이 해탈 천도하도록 기도했다.

내 어깨에도 부모님의 아들, 5남매의 장남, 아내와 아들딸을 지탱해야 하는 가장이라는 무게가 얹혀있다. 더하여 수십 명의 선생님과 올망졸망한 학생 수백 명을 짊어지고 있다. 절대 호락호락한 일이 아니다. 사소한 것이라도 가벼이 여기지 않는 마음으로 더욱 진중한 걸음을 디뎌야 한다.

문득 사소한 모래 한 알에 관한 이야기가 떠올랐다. 선두권을 유지하던 마라토너가 완주를 얼마 남기지 않고 달리기를 멈추었다. 이상하게 여긴 기자가 다가가 물었다. "왜 갑자기 포기했습니까? 무더위 때문인가요? 아니면 가파른 언덕 때문인가요?" 이 질문에 가쁜 숨을 몰아쉬던 마라토너가 대답했다. "반환점을 막 지났을 때 운동화 안으로 들어온 작은 모래알 하나 때문입니다." 그가 달리기를 포기하도록 한 것은 무더위도, 가파른 언덕도 아니었다. 대수롭지 않은 모래 알갱이 하나가 그를 멈추게 했다. 이따금 아주 작은 것이 생각보다 커다란 장애가 되기도 한다. 혹시 내가 안고 있는 보따리에 사소하다고 지나치는 것은 없는지 살피는 지혜를 길러야 한다.

새벽 운동을 나설 때마다 아내는 졸린 눈을 비비고 나온다. 문밖까지 따라 나와 조심하라는 말을 전하고 내 뒷모습을 바라본다. 내가 자전거를 끌고 나간뒤 아내는 가족 식사를 준비하느라 함께 운동할 엄두를 내지 못한다. 항상 아내에게 커다란 빚을 지고 산다.

언제부터인지 기억도 가물가물하지만, 새벽 운동은 나 자신과 손가락을 건 약속이었다. 서너 달 전 한적한 곳으로 이사했다. 금마 서동공원을 앞마당 삼고, 용화산에 등을 기댄 아늑한 테라스 아파트다. 이곳은 자전거 타기에 딱 좋은 조건이다. 호젓한 새벽, 싱그러운 바람을 가르며 질주하는 맛에 푹 빠졌다. 이런 재미 때문에 스스로 한 약속을 미룰 수 없다.

저만치서 날카로운 파열음이 들린다. 허리 잘린 풀이 내지르는 비명이다. 가까이 갈수록 그들이 흘린 풀 비린내가 진동했다. 길가에 승용차 세 대가 꼬리를 물고 서 있다. 누군가 한낮 더위를 피해 이른 새벽 조상님 묘지 단장하느라 구슬땀을 흘리고 있다. 분명 이들은 우애 좋은 3형제일 것이다. 벌초를 마치고 나면 애썼다며 보름달 같은 웃음으로 서로 인사할 것이다. 조상님은 바람을 타고 나와 곁에서 흐뭇한 미소로 지켜보실 테고.

연세 드시면서 아버지 건강이 많이 안 좋아지셨다. 거동이 몹시 불편하셔서 결국 지난 6월 초, 병원으로 모셨다. 요양보호사가 일요일마다 목욕을 시켜드린다고 했다. 거기에는 중증 질환을 앓고 계신 분이 태반이다. 일일이 부축하여 몸을 씻겨드리는 일이 보통은 아닐 것이다. 매주 수요일에 형제들이 아버지 몸을 씻겨드린다. 목욕하자고 말씀드리면 처음에는 고개를 가로저으신다. 허리와 다리에 통증이 밀려오기 때문이다. 자식들이 달래면 마지못해 휠체어에 몸을 부리신다.

우리 형제들 앞세우고 목욕탕 다니시던 때가 엊그제 일처럼 떠오른다. 4형제를 차례로 씻기는 일은 쉽지 않았을 것이다. 벌써 우리가 그 빚을 갚을 때가 되어 마음이 무겁다. 정성껏 씻겨드리는 도리밖에 없다. 아버지와 초록이 가득한 맑은 하늘을 오래도록 바라보고 싶을 뿐이다.

풀숲에는 새벽잠을 잊은 어린 새들이 숨바꼭질하는지 박신박신하다. 이 소리에 늦잠에서 깨어난 가을이 기지개를 켜며 말간 해를 밀어내고 있다.

사람이 안주다

그때를 생각하면 지금도 피식 웃음이 나온다. 어릴 적 시골에서 살았다면, 들일 하시던 어른들의 술심부름을 해본 경험이 있을 것이다. 노란 양은 주전자를 들고 동네 주막에서 막걸리를 사 왔던 심부름 말이다. 막걸리를 받아오면서 대체 어떤 맛일지 궁금했다. 호기심에 주전자 주둥이에 입을 대고 한 모금씩 홀짝거렸다. 처음에는 시큼했지만 조금씩 당기는 맛이 있었다. 다 왔을 때는 양이 줄었지만 오면서 흘렸다고 둘러대면 그만이었다. 뻔한 거짓말이라는 것을 알면서 그냥 넘어가 주었다는 것도 훗날 알았다.

그때부터 단련된 탓일까. 여태 술자리가 무서워서 피해 본 기억은 별로 없다. 대학교 다닐 때부터 술깨나 한다는 사람들과 어울리기 좋아했다. 지금이야 한적한 시골로 이사해서 그럴 일이 거의 없지만, 교직 초창기에는 술자리에 어지간히 불려 다녔다. 어린아이 주먹만한 함박눈이 내리던 새벽 두 시에 호출당하기도 했다. 주섬주섬 옷을 챙겨 입고 나섰는데 그 밤에 천지가 온통 눈부셨다. 당연히 택시도 끊겼다. 발목까지 푹푹 빠지는 눈길을 달려가서 마셨던 술맛은 지금도 잊을 수 없다. 종일 수업을 하고 나면 적당히 피로가 몰려온다. 먼지를 들이켜서 목도 깔깔하다. 술을 좋아하는 사람은 목에 걸린 분필 가루를 내리는 데는 삼겹살에 소주가 최고라고 했다. 몇 사람이 퇴근길에 주막을 향해 앞장서면 뒤따르지 않을 이유가 궁색해진다.

내가 사면 막걸리가 최고요, 남이 사면 양주가 최고라 했던가. 지갑에 오천 원짜리 지폐 한 장만 달랑 넣고 다니는 사람도 있었다. 남이 사는 술만 좋아하면 주위에 사람이 멀어진다. 술 욕심이 많은 사람은 주문한 술이 나오자마자 뚜껑부터 모조리 따버린다. 술은 남기고 가면 안 된다며 옆 사람이 남긴 잔까지 비워버린다. 반면, 술과 친하지 않은 사람은 이제나저제나 술자리가 끝나기를 기다리며 하품을 하거나 손목시계를 흘끗거린다. 술은 빈속에 마셔야 제격이라고 말하는 사람도 있다. 이런 사람과 자리를 잡으면 주문한 안주가 나오기도 전에 일단 원 샷, 단숨에 한 잔 털어 넣어야 한다. 이때 식도를 타고 흐르는 짜릿한 맛을 즐기는 것이다. 진정한 술꾼은 낮술이 최고라고 치켜세운다. 어쩌다 남들 열심히 일하는 시간에 한가하게 술잔을 기울이는 것도 괜찮을 성싶다.

술집 벽에 없는 것 한 가지가 있다. 바로 시계다. 시간에 구애받지 말고 편하게 마시라는 주인장의 배려를 술꾼들은 잊으면 안 된다. 술에 취해, 분위기에 취해 몇 순배 돌고 나면 시간은 한 시간씩 묶음으로 지나간다. 덕분에 시간 가는 줄 모르다 다음 날은 종일 정신이 몽롱하고 다리가 풀리기도 한다. 이런 날은 젖은 낙엽처럼 방바닥에 몸을 붙이고 꿈쩍도 하기 싫다. '오늘 하루 내부 수리 중'이라는 문패를 걸고 싶다. 하루가 꽤 길고 다시는 마시지 않겠다고 다짐한다. 하지만 퇴근 시간이 가까워지면서 낮에 세웠던 결심이 장맛비에 토담 무너지듯 주저앉아 버린다. 날씨가 좋아서 한 잔, 비가 오니 한 잔, 기분이 좋아서 한 잔, 우울해서 한 잔. 술꾼들이 술을 마시지 않을 이유를 찾기만큼 어려운 일도 흔하지 않다. 잔이 돌아가면서 윗사람을 도마 위에 올려놓고 칼질하는 재미도 단연코 술자리에서 뺄 수 없는 맛이다. 맨정신에 할 수 없는 언사도 술기운을 끌어당기면 대담해진다.

회식 때 빠지지 않는 것이 건배사다. 예기치 않게 건배사를 해야 하는 경우가 있다. 일행의 귀를 쫑긋하게 하는 기발한 건배사는 흥을 돋우는 좋은 안주가 되기도 한다. 미리 준비하지 않으면 '위하여'라는 흘러간 유행가 같은 건배사를 하는 수밖에 없다. 어느 자리에 가더라도 써먹을 수 있는 필살기 두어 개 정도는 준비하고 있어야 든든하다. 그런 재주가 없다면 옆 사람이 멋진 건배사를 할 때 시치미 뚝 떼고 메모를 하거나 머릿속에 저장하는 수고를 아끼지 말아야 한다.

이쯤 해서 술깨나 한다는 주당들이라면 갖추어야 할 네 가지를 소개할까 한다. 첫째가 '원근 불고'이니 술자리가 멀다고 피해서는 안 된다. 두 번째는 '친소 불고'라 했다. 친하지 않은 사람과 하는 술자리라도 기꺼이 합석해야 한다. 세 번째는 '청탁 불고'다. 술의 종류를 가린다면 어찌 진정한 술꾼이라 하겠는가. 마지막으로 '생사 불고'라 했다. 하지만 아무리 사람이 좋고 술이 좋다고 한들 이것만은 피할 일이다.

술과 떼려야 뗄 수 없는 것이 안주다. 술과 친하지 않으면서 안주발만 세우는 사람이 있다. 이런 사람이 백 살 이상 사는 것은 무난할 것이다. 술 대신 안주를 잘 먹어서 오래 사는 것이 아니다. 술꾼들에게 눈칫밥을 많이 먹어서 그렇다. 누가 뭐라 해도 최고의 안주는 마주 앉아 눈길을 맞추며 잔을 부딪는 사람이다. 적당하게 과음해도 마음 다치지 않게 배려해주는 멋진 사람이 좋은 안주다.

술을 마시다 보면 그 사람이 지닌 성격을 알 수 있다. 막걸리처럼 텁텁하면서도 수더분한 매력을 풍기는 사람, 소주처럼 맑고 투명한 성품을 지닌 사람, 30년산 양주를 마신 듯 화끈하게 취하지만 깰 때는 뒤끝 없이 깔끔한 사람. 모두 얼굴 생김새만큼이나 다양하다. 평생 도수 높은 술보다 도수 높은 사람에 취해서 살 수 있다면 행복하겠다. 얽히고설킨 세상, 오늘도 좋은 사람 안주 삼아 술잔을 돌린다. 인생사 술술 풀리기를 바라며, 건배!

손맛을 담는 글

인류가 최고의 영장류가 될 수 있었던 것은 언어와 문자를 통한 의사소통이 가능했기 때문이다. 누구나 자신이 생각하고자 하는 것을 말이나 글로 잘 옮기고 싶어 한다. 이것은 절대 쉽지 않지만, 대단히 중요하다. 좋은 글을 쓰기 위해서 특별한 방법이 있는 것은 아니다. 잘 쓰인 책을 많이 읽고 매일 조금씩이라도 써보는 것이 좋은 방법이다. 훌륭한 작가가 책에서 전하는 목소리를 듣고 자기 생각을 글로 써보는 훈련이 필요하니까.

어찌하다 보니 40대 후반에 교감이 되었다. 이따금 교지나 소식지에 글을 써야 할 경우가 생겼다. 다섯 해가 지나면서 교장이라는 책임을 맡게 되었다. 크고 작은 행사 때마다 교훈이 될 만한 이야기를 글로 풀어내야 하는 일이 '없는 집 제사 돌아오듯' 했다. 평교사 때 본 어느 교장 선생님의 글은 늘 국어 선생님들 몫이었다. 교장실에서 숙제를 받아 나오는 선생님 표정이 밝지 않았다. 적어도 내 눈에는 그랬다. 교장이 되고 난 뒤, 그것을 알면서 국어 선생님에게 과제를 주는 것이 영 마뜩잖았다. 써야 할 시기가 되면 며칠씩 끙끙대고 볼펜을 들었다 놓았다 했다. 일단 전달하고자 하는 내용을 추려 뼈대를 세웠다. 여기저기 자료를 뒤적이며 살을 붙였다. 조심스럽게 국어 선생님에게 오탈자 수정을 부탁했다. 내 딴에는 멀쩡하게 보낸 편지가 돌아올 때는 온통 피투성이가 되어 있곤 했다. 그 안에서 뒤죽박죽 비문과 오타가 신음하고 있었다. 그럴 때마다 서운하기는커녕 미안함과 부끄러움에 귓불이 벌겋게 달아올랐다. 시시때때로 글을 써야 할 일이 생길 텐데 언제까지 남의 손을 빌려야 하나 답답했다.

차라리 글쓰기를 배우자는 생각이 들었다. 마침 주변 대학에서 방학 글쓰기 특강이 열린다고 했다. 틈을 놓치지 않고 등록을 마쳤다. 마감일이 막 지나 소식이 왔다. 신청자는 나 혼자뿐이라는. 폐강이었다. 아쉬웠다. 간절하면 이루어진다고 했던가. 마침 대학 시절 친구로 삼은 이가 교수가 되어 글쓰기를 지도한다는 소식을 들었다. 매주 한 번씩 그 친구가 근무하는 학교로 출석하였다. 그가 말한 글 잘 쓰는 비방은 이러했다. "매일 밥 먹듯 몇 줄이라도 꾸준히 써야 한다. 그리고 많이 읽어야 한다." 얼핏 생각하면 당연하고 참 쉬운 말이다.

좋은 뽕잎을 먹은 누에가 좋은 고치를 만든다고 했다. 좋은 글을 쓰려면 좋은 글을 많이 읽어야 한다. 그때부터 훌륭한 작가가 쓴 수필집을 끼고 다녔다. 그들이 지닌 칼이나 도마가 특별한 것이 아니었다. 그들은 평범한 재료를 가지고도 감칠맛 나는 글을 만들어 내는 재주가 있었다. 풍성한 재료를 받아서 만든 내 글은 간이 제대로 배지 않았다. 거칠고 덜 익어 잘 씹히지도 않았다. 그랬다. 그들이 만든 글은 바로 손맛이었다.

우리는 흔히 음식 맛을 손맛으로 비유한다. 음식을 손으로 만들기 때문에 손맛이라 했을 것이다. 하지만 손맛이 단지 손으로 내는 맛만을 나타내는 것은 아니다. 우리가 상추나 김으로 밥을 싸 손으로 먹는 것처럼 어떤 나라에서는 수저나 포크 대신 손으로 음식을 먹는다. 그들은 먼저 손끝으로 만지면서 음식 맛을 느끼고 또 입속에서 더 깊은 맛을 찾는 것 아닐까.

머릿속으로 아무리 맛있는 음식을 만든다 해도 익숙하지 않은 손놀림으로 입맛을 사로잡을 수 없다. 글도 역시 손맛이다. 훈련하지 않은 손으로 맛깔난 글을 쓸 수 없다. 수업 시간에 내주는 글쓰기 숙제를 해결하기 위해 며칠씩 끙끙 앓았다. 막상 종이를 펼치면 펜이 제자리걸음이었다. 어렵게 써간 글을 거기에서 낭독했다. 마치 내 글을 수술대에 올리는 기분이었다. 대장간에서 칼을 만들듯 그 시간에 수없이 망치질했다. 휘어진 부분은 펴고 끊어진 부분은 이어갔다. 이런 과정이 반복되면서 서서히 눈이 틔었다. 차츰 수업받으러 가는 길이 전처럼 멀게 느껴지지 않았다. 그렇게 방학을 보냈다. 학기가 시작되어서도 손맛을 잃지 않으려고 망치질을 멈추지 않았다. 이때마다 그 친구가 쓴 수필집을 교과서 마냥 곁에 펼쳐두었다. 글 샘이 바닥을 보이면 그 속에서 답을 찾았다. 꼼꼼히 읽다 보면 마치 수맥을 관통한 것처럼 술술 풀릴 때가 있다.

요사이 처음에 썼던 글을 꺼내 본다. 아직 내 손맛을 내는 재주가 탐탁지 않지만, 그것을 볼 때마다 얼기설기 틈새로 황소바람이 들어온다. 민망함을 제치고 쓴웃음이 먼저다. 이제 글쓰기라는 새로운 길을 가보려 한다. 얼마나 험하고 거친 가시밭이 기다리고 있을까. 두려움과 설렘이 어깨동무하고 지켜보고 있다. 이왕이면 설렘으로 다가가 온기를 받고 싶다. 명화는 볼수록, 명곡은 들을수록 맛이 난다고 했다. 어떻게 하면 읽을수록 맛이 나는 글을 쓸 수 있을까. 손맛으로 버무린 내 글이 누군가의 허기나 면해주었으면 좋겠다. 이런 맛을 전하는 글쟁이고 싶다.

재물 복

벌써 이십오 년이 다 되었으니 추억이라고 말하지만, 당시에는 복이 지지리도 없었다. 아이들이 커가면서 신혼부터 10년 이상 살던 아파트가 좁고 불편했다. 아내와 상의 끝에 근처 새 아파트에 입주 계약을 마쳤다. 너른 곳으로 갈 생각에 한동안 마음이 부풀었다. 하지만 살던 집이 적기에 팔리지 않았다. 잔금 마련이 어려워 계약을 해지해야 했다. 그냥 도장만 찍으면 되는 줄 알았다. 하지만 웬걸, 해지 조건은 입주금 10%를 위약금으로 지급하는 것이었다. 가슴이 서늘했다. 두 눈 뜨고 몇백만 원이라는 거금을 날릴 수 없었다. 수소문 끝에 본사에 찾아가 애걸했다. 계약 해지의 손해는 본인이 감수해야 하는 데 사정을 듣더니 가족에게만 양도를 허락했다. 피는 물보다 진했다. 아닌 밤중에 홍두깨라더니 이사할 꿈도 꾸지 않았던 신혼부부 동생네가 엉겁결에 대신 입주했다. 결국, 나는 이사를 포기하고 그 집에 눌러 살 마음으로 새 단장을 마쳤다. 며칠이 지나자 집을 보러 오겠다는 사람들이 나타났다. 버스는 이미 떠난 뒤였다. 이사할 복이 없다며 그럭저럭 몇 년을 눌러살았다. 그러다가 학교 가까운 곳으로 이사했다. 이 집에서 아들딸이 건강하게 성장하고 나도 승진했다. 더구나 애들이 순조롭게 직장을 잡았으니 우리 가족에게는 복을 얹어준 집인 셈이다. 여기서 산 지도 어느새 10년이 훌쩍 지났다.

몇 달 전, 근처에 사는 동생들이 비슷한 시기에 같은 아파트로 이사할 거라는 이야기를 했다. 예정지는 외곽에 자리 잡은 아담한 아파트 단지였다. 야트막한 등산로가 있고 공원이 있는 곳이었다. 내친김에 동생들이 계약한 분양사무실에 갔다. 다행히 주인을 기다리는 집이 있었다. 전망도 마음에 들어 계약을 마쳤다. 입주할 날까지는 여유가 있어서 느긋했다. 살던 집을 팔고 조금 더 보태면 새 집에서 살 생각을 하니 기분이 좋았다. 4형제가 한 단지에서 산다는 것도 이사를 결심하는데 한몫했다.

이곳저곳 부동산 사무실에 집을 내놓았다. 시나브로 입주 시기는 다가오는데 시장에 드리운 낚시찌는 움직일 기미조차 없었다. 요사이 경기 침체로 매매가 거의 없다는 대답만 메아리처럼 돌아왔다. 새삼 예전에 계약을 해지할 뻔했던 아찔한 기억이 떠올랐다. 속이 탔다. 어쩔 수 없이 금액을 더 낮췄지만 감감무소식이었다. 세 번씩이나 가격을 내리고 나서야 겨우 문의가 왔다. 공교로운 것인지 다행스러운 것인지 계약자가 교직 초창기에 만났던 제자 부부였다. 그가 사정이 여의치 않다며 서너 가지를 부탁했다. 진즉 시세보다 많이 낮췄지만, 제자에게 각박하게 할 수 없어 최대한 너그러운 마음으로 조건을 들어주었다. 아내와 계약을 마치고 나오는데 오히려 홀가분했다. 누구는 집을 사고팔면서 재테크를 한다는데, 우리는 이사하는 것조차 힘들었다. 재물 복이 없다는 것을 다시 확인했다며 아내와 마주보고 웃었다.

돌이켜 생각했다. 만일 우리 집을 사겠다는 사람이 나타나지 않았다면 입주일이 다가올수록 얼마나 마음을 졸였을까. 이 복잡한 심사를 돈으로 환산할 수 없었을 것이다. 불길한 예감은 빗나가지 않는다고 했다. 얼마 전만 해도 집이 팔리지 않을 것 같은 불길한 예감이 들었다. 하지만 불길不吉한 예감은 빗나갈수록 좋은 것이다. 不이 날아가는 것이니까. 그것이 복이다. 가격조정을 많이 했지만, 오히려 그가 우리 마음을 吉하게 해준 고마운 사람이었다.

원불교 대종경 인과품 17장에 따르면, 대종사께서 "어리석은 사람은 남이 복 받는 것을 보면 욕심을 내고 부러워하나, 제가 복 지을 때를 당하여서는 짓기를 게을리 하고 잠을 자나니, 이는 짓지 아니한 농사에 수확하기를 바라는 것과 같으니라. 농부가 봄에 씨 뿌리지 아니하면 가을에 거둘 것이 없나니 이것이 인과의 원칙이라, 어찌 농사에만 한한 일이리요." 라고 했다. 게으름을 부리며 남이 받는 복을 부러워하지는 않았는지 생각해보았다. 살면서 재물에 욕심낸다고 내 뜻대로 될 일이 어디 있겠는가. 상대방 처지를 생각해 주면서 순리대로 살면 그것이 복이려니 했다.

며칠 전부터 이삿짐을 쌌다. 아내가 몇 날 동안 불필요한 것을 내다 버린다고 버렸다는데, 막상 가지고 갈 것을 끄집어 내놓으니 산더미 같았다. 언젠가 쓸지도 모른다는 미련으로 남겨 놓은 것들이다. 한때는 애지중지 아끼면서 품었는데 지금은 잡동사니 신세가 되었다. 한쪽에 부엉이 소품이 눈에 띄었다. 부엉이는 먹이를 닥치는 대로 물어다가 쌓아두는 습성 때문에 재물과 지혜, 복을 가져다주는 상징으로 여긴다고 했다. 아마 그렇게 말하며 누군가 집들이 때 선물로 가져왔을 것이다.

짐 정리를 거들며 생각했다. 나를 건강하게 키워 주신 부모님이 계시고, 소박하게 살면서 늘 우애하는 동생들이 있다. 항상 나를 염려해주는 사랑하는 아내와 든든한 아들딸이 있다. 어디를 둘러보아도 이만큼 복있는 사람을 찾기가 쉽지는 않을 것이다. 누가 나에게 재물 복이 있냐고 묻는다면 “나는 전생에 부엉이였나 보다.”라고 대답하겠다.

공동경비구역

태풍 링링이 우리나라를 훑고 지나간 지 며칠 되지 않았다. 이번에는 태풍 타파가 올라온다는 예보가 들렸다. 오늘 새벽, 우리는 비바람을 등지고 북으로 북으로 향했다. 두어 달 전, 인근 대학교에서 모집한 통일특강 현장 학습단에 참가신청서를 냈다. 다행히 선발되어 판문점과 대성동 마을을 방문하기 위해 아침 일찍 길을 나섰다.

버스로 약 4시간을 달려 임진각 검문소에 도착했다. 창밖을 통해 임진강 가에 둘린 철책을 보며 전방에 다가왔다는 것을 알 수 있었다. 초병이 버스에 올라 신분증을 검사할 때 판문점 방문을 실감했다. 이것으로 끝이 아니었다. 공동경비구역에 다다르자 이번에는 방문자 서약서를 나누어주었다. 이어서 더욱 꼼꼼하게 신분증과 본인 확인 과정을 거쳤다. '공동경비구역을 방문하는 자는 아래 글을 읽고 서명하여야 합니다.'라는 문장으로 시작하는 서약서에 우리는 적대지역으로 들어가는 것이며, 북한의 도발로 다치거나, 목숨을 잃게 될 가능성이 있다는 내용이 이어졌다. 또 몇 가지 지켜야 할 사항이 덧붙었다. 마지막으로 적 도발에 의한 본인과 동반자의 신체 및 재산상의 피해보상을 청구할 수 없음을 확인시키며 서명으로 마무리하도록 했다. 1953년 7월 27일 정전(휴전)협정을 맺은 후 여태껏 전쟁을 그만두겠다는 종전선언이 이루어지지 않은 엄연한 현실을 마주했다.

복잡한 절차를 마치고 군사분계선에 다다랐다. 이곳은 휴전한 이래 수십 년 동안 냉전의 상징적인 장소로 언론에 등장하는 공간이다. 지난해 남북 정상회담에 이어 북미 정상회담이 이루어진 곳으로 세계로부터 집중조명을 받았다. 몇 발자국 지나면 분계선이다. 바로 너머에 북측 판문각이 우리를 마주 보고 있다. 군사분계선을 따라 눈을 돌리니 남북 정상회담에 앞서 기념 식수를 한 소나무와 표지석이 보였다. 표지석을 쓴 여태명 선생과 개인적으로 인연이 있는지라 더욱 진한 감동으로 다가왔다.

다시 자리를 옮겼다. 까치 한 마리가 우리를 환영하듯 부산하게 움직였다. 저 새는 남과 북을 자유롭게 넘나드는데 눈앞에 뻔은 길을 넘지 못하는 우리의 현실이 안타까웠다. 모퉁이를 돌아가니 한반도기를 상징하는 하늘색으로 단장한 도보 다리가 시리게 펼쳐졌다. 지난해 4월, 텔레비전을 통해 느꼈던 뭉클함이 다시 솟았다. 이런 평화와 화합을 나타내는 상징물이 모두 지척에 있다. 기대와 달리 북측 지역에는 아무런 움직임도 없다. 우리는 같은 언어를 쓰고 같은 음식을 먹으며 사는 민족이다. 현재 얼굴을 마주할 수 없어 그들이 어떤 모습을 하고 있을지 호기심을 갖다가 순간 가슴이 먹먹해졌다.

판문점을 둘러보고 휴전선 안에 있는 유일한 민간인 마을 대성동을 방문했다. 일반인이 가기에는 절차가 까다로워 좀처럼 들어가기 쉽지 않은 곳이다. 마을회관에 부녀회에서 마련한 점심 식사가 차려 있었다. 서너 가지 반찬이지만 정성이 넘쳤다. 식사를 마치자 이장님이 망원경이 설치된 3층 옥상으로 우리를 안내했다. 망원경을 통해 개성시를 왕래하는 주민과 차량이 보였다. 그곳에도 역시 한가한 가을 오후 햇살이 펼쳐있다. 개성공단이 망원경 속에서 손 내밀면 잡힐 듯 가까이 왔다. 건물에 붙은 익숙한 회사 이름이 선명했다. 지금은 멈춰버린 기계 위에 먼지만 쌓여 있을까. 개성공단에 다시 기계를 돌려 하루빨리 통일의 물꼬가 열렸으면 좋겠다고 입을 모았다.

내려올 때 버스 안에서, 통일학을 담당하며 이번 행사를 준비한 교수가 한반도 분단 과정과 통일의 당위성에 대하여 설명을 적절하게 곁들였다. "1950년 6월 25일, 비가 부슬부슬 내리는 일요일 새벽 4시, 소련제 탱크를 앞세운 북한군이 38선을 넘어 남침을 강행했다." 어릴 때부터 귀에 못이 박히도록 들었던 6.25 전쟁에 관한 이야기이다. 3년여 끝에 전쟁을 멈추고 정전협정을 맺은 지 어느덧 66년이 흘렀다. 그 사이 남과 북은 상대를 자극하며 부질없는 경쟁을 하고 있다. 교수의 설명에 따르면 북한이 평양에 있는 김일성 대학의 건물을 20층으로 지었다고 한다. 당시 우리 쪽 대통령은 이에 질세라 본인

소유로 알려진 대구 영남대 건물을 21층으로 세웠다. 남측이 대성동 마을에 100m 높이로 국기 게양대를 세우자 이번에는 북측이 기정동 마을에 160m짜리 인공기 게양대를 세웠다는 이야기를 들을 때는 씁쓸한 헛웃음이 나왔다.

일제가 패망하면서 강대국의 논리에 의하여 갈라선 채 70년 이상의 세월을 흘려보냈다. 분단된 현실 앞에서 서로 다툴 때도 있었지만 한 뿌리에서 나온 형제이기에 더 멀어지면 안 된다. 이제 남과 북이 손을 내밀고 먼저 이산가족을 중심으로 민간인과 기업인이 왕래해야 한다. 더불어 스포츠와 다양한 문화 교류를 통해 점진적으로 신뢰를 회복해야 한다.

분단된 철조망에서 앞으로 나아가지 못하고 옆으로 게걸음만 하는 현실이 안타까웠다. 빨리 벽을 허물고 도보다리를 건너는 감격을 맛보고 싶다. 두 정상이 심은 소나무 곁으로 소풍 가서 맛난 점심을 먹는 상상을 해본다.

균형을 잡아야

창밖 어둠은 아직도 미련이 남아있는 모양이다. 밖으로 나오니 집에서 보이지 않던 빗방울이 머리에 앉으며 알은체했다. 순간, 출발해야 하나, 다시 집으로 들어가야 하나 망설였다. 이러다가 그치겠지 하고 자전거 안장에 몸을 얹었었다. 채 가시지 않은 어둠 속에서 빗줄기가 소리 없이 아스팔트를 깨우고 있다. 날 밝기 전이 가장 어둡다더니 이 시간에는 특히 조심해야 한다. 등 뒤에서 달려오는 엔진 소리에 촉각을 곤두세운다. 숙취 운전이나 졸음 운전하는 사람이 없기를 바라면서 도로 가장자리를 따라 페달을 밟았다.

매일 다니는 길이라 눈감고도 익숙하다. 참았다 우는 울음이 더 서럽다더니 어지간히 참았나 보다. 그칠 줄 알았던 빗방울이 시간이 지나면서 더욱 굵어졌다. 비탈진 길을 내려갈 때 얼굴을 때리는 무게가 제법 묵직했다. 내리는 비 덕분에 시원했다. 젖은 길을 달릴 때는 과속이나 급정거를 피해야 한다. 욕심부리다 미끄러지면 자칫 커다란 사고로 이어질 수 있기 때문이다.

정상을 코앞에 두고 이마에서 데워진 땀방울과 빗물이 섞여 주르륵 흘렀다. 한쪽 페달이 맞은편 페달을 밀어 올릴 때마다 마치 제자리를 걷는 듯했다. 넘어지지 않으려고 비틀거리면서 이를 악물었다. 이런 상황이 닥치면 균형을 잘 잡아야 한다. 균형이란 시소가 어느 한쪽으로 기울지 않고 평형을 이루는 것처럼 치우침이 없는 상태를 이른다. 자전거를 타면서 한쪽으로 기울어질 때 재빠르게 앞바퀴를 그 방향으로 돌려야 한다. 그래야 넘어져서 무릎이 깨지는 아픔을 면할 수 있다.

삶에서도 가끔 균형을 잘 잡아야 하는 경우가 있다. 벌써 10년도 더 지난 일이다. 인문계 고등학교에서 교감직을 맡고 첫 방학을 앞두었을 때였다. 학교는 다 그렇지만 특히 인문계 고등학교는 학생들의 성적에 민감하다. 성적을 올려야 소위 말하는 좋은 대학에 많이 넣을 수 있다. 그러면 학교 소문이 잘 나서 우수한 신입생을 모을 수 있다. 성적을 올리려면 수업을 많이 해야 한다고 생각했다. 방학 때 할 보충수업 시간을 가지고 일부 선생님과 마찰이 생겼다. 선생님은 수업 시간이 너무 많으니 줄여야 한다고 했다. 나는 수업을 한 시간이라도 더 해서 성적을 올리자고 했다. 끝내 내 고집을 앞세워 강행군했다. 결국, 교무실 분위기가 못에 걸린 천 갈라진 듯했다. 그 뒤로 선생님들과 나 사이에 나사가 하나 빠진 것처럼 삐걱댔다. 균형을 잡지 못하고 눈앞만 바라봤다. 한없이 우울하고 무력감에 빠졌다. 선생님의 마음을 헤아리지 못한 자책감에서 빠져나오기까지 참 오랜 시간이 걸렸다.

이런 일이 있고 나서 중요한 사안이 생길 때마다 양쪽을 충분히 살펴보고 균형을 잘 잡는 사람이 되게 해달라고 기도한다. 평균대에서 중심을 잘 잡는 것은 여간 어려운 기술이 아닐 수 없다. 힘을 고루 배분하여 균형을 맞추는 사람은 다치지 않는다. 균형을 잡는다는 것은 단지 기술이 좋다는 것만 의미하지 않는다. 두루 살피는 것도 기술 못지않게 중요하다. 화분에 자라는 식물도 뿌리와 줄기가 균형을 이루어야 아름다운 꽃을 피우지 않던가. 뿌리가 부실하면 겉으로는 싱싱하게 보여도 줄기가 시들고 결국 꽃은 금방 지게 마련이다. 커다란 집단을 책임지는 자리에 있는 사람일수록 더욱더 그러하다. 눈앞의 나무도 보아야 하지만 멀리 있는 숲을 살피는 지혜가 필요하다.

오르막을 지나자 드디어 발아래 내리막이 펼쳐졌다. 힘들었던 만큼 숨 돌릴 틈이 생겼다. 그렇다고 마냥 여유를 부릴 수 없다. 통제할 만하게 적당한 속도를 유지해야 한다. 방심하면 피할 수 없는 순간이 닥치게 된다. 대부분 내리막에서 균형을 잡는 것이 쉬운 일이라고 생각할지도 모른다. 하지만 욕심을 거두고 서서히 속도를 줄이지 않으면 결코 수월한 일이 아니다. 주변에서 잘 나가는 사람을 보면 알 수 있다. 이들은 적당하게 제동을 잘하는 사람이다. 잘 나갈 때 속도 조절에 실패하여 나락으로 떨어지는 사람이 더러 있다. 그들은 한

곁같이 자신의 능력을 지나치게 믿는다. 자신의 힘으로 제어하지 못할 속도를 느끼는 찰나, 낭떠러지에 내동댕이쳐져 돌이킬 수 없는 중상을 입는다.

하루하루 일을 대할 때 치우침은 없는지 살피는 여유가 [illegible] 다. 앞길이 트였다고 무작정 출발하면 자칫 낭패를 [illegible] 리 없이 흐르는 깊은 강물처럼 주위를 돌아보며 [illegible] 야 할 때와 멈추어야 할 때를 잘 구분해서 균형을 [illegible] 를 길러야 한다.

새벽에 비를 만나 출발해야 할지 순간 망설였다. 다행히 빗속을 뚫고 목적지를 통과하여 안전하게 집에 도착했다. 갸름해진 턱선을 따라 뚝뚝 떨어지는 빗물을 볼 때 기분 좋은 피로가 밀려왔다. 역시 다녀오기를 잘했다.

하루를 마무리하며

지구촌을 온통 공포에 떨게 하는 코로나19가 삶의 물길을 모조리 바꾸어 놓았다. 내 하루도 이리저리 엉켰다. 지난해, 아버지를 요양병원으로 모셨다. 매일 저녁 시계추처럼 찾아뵙는 것으로 효도를 대신한다고 위안 삼았다. 보건당국은 감염 예방 때문에 가족 병문안도 금지했다. 우리는 아침 식탁에서 오순도순 웃으며 수저를 든다. 따뜻한 잠자리에서 하루를 마무리한다. 병석에서 가족을 기다리실 아버지의 하루는 얼마나 고단하고 외로우실까. 아버지를 생각하면 마음이 중심을 잃고 휘청거린다.

갑자기 지난주부터 우리나라에 확진 환자가 늘었다. 사람이 붐비는 곳을 피하는 것이 그나마 전염을 예방하는 것이라고 한다. 은행

현금인출기를 이용하려면 본인의 얼굴이 카메라에 비치도록 모자와 마스크를 벗어야 한다. 어느 순간부터 모든 사람이 얼굴을 감추고 다니는 마스크 공화국이 되어버렸다. 상황이 이렇다 보니 오늘과 다음 주 법회를 휴회하기로 하였다. 오늘은 왠지 느긋할 것 같았다. 여유를 만끽하며 새벽 운동을 마쳤다. 늦은 아침 식사를 마치고 교당으로 향했다. 법회는 취소했지만 혼자서라도 불전 헌배를 하면 마음이 편할 것 같았다. 텅 빈 교당에서 교무님이 반갑게 맞아주셨다. 교무님 손이 참 따뜻했다. 대각전에 올라 공손히 향을 살랐다. 동글동글 말려 오르는 하얀 연기에 모두 코로나를 극복하고 건강하게 해 달라고 두 손을 모았다.

입춘을 지난 지 열흘이 훌쩍 넘었다. 갓 떠난 겨울은 온전하게 제 구실을 하지 못했다. 엊그제 제법 많은 비가 내렸다. 봄비라고, 봄이 왔다고 온통 호들갑을 떨었다. 겨울은 제 키를 마음껏 조절하는 모양이다. 하룻밤 사이였다. 겉 넘지 말라고 회초리를 치듯 겨울이 차디찬 새벽 공기를 품에 가득 담고 왔다. 성급하게 봄 타령을 했던 사람은 주눅이 잔뜩 들었다.

2주 전, 헌혈을 마치면서 헌혈 예약을 했다. 교당에서 나와 헌혈의 집으로 향했다. 매스컴에서는 연일 코로나19 때문에 헌혈 인구가 줄어 혈액 수급에 비상이 걸렸다고 하소연이다. “신종 코로나바이러스 감염증으로 혈액이 부족합니다. 국민 여러분의 적극적인 헌혈 참여가 필요합니다.” 대학로 헌혈의 집 건너편에 애절한 소망을 담은 현수막이 걸려있다. 허름하게 홑겹 옷만 걸친 채 홀로 떨고 있다. 헌혈의 집에는 다행히 서너 명이 소매를 걷고 건강을 나누고 있었다.

헌혈하는데 낯익은 후배가 들어왔다. 헬스클럽에서 운동하면서 알고 지내는 사이다. 언제부터인지 헌혈하는 사람을 보면 반갑고 동지라는 생각이 든다. 요즘 혈액이 부족하다는 말을 들었다며 일요일에 짬을 내서 꾸준히 오겠다니 새롭게 보였다. 이렇게 생각이 꿈틀거리는 이가 있어서 세상은 외롭지 않다. 누구나 똑같이 스물네 시간의 하루를 선물로 받는다. 이런 사람의 하루는 어느 때보다 의미 있는 시간이 아닐까. 헌혈을 마치고 나오는데 눈이 내렸다. 바람을 타고 보란 듯 맘껏 수평으로 누워 날았다. 때아닌 눈다운 눈축제였다.

그새 점심때가 되었다. 마무리해야 할 일이 있어 김밥 한 줄 장만해서 학교로 갔다. 일요일이지만 개학에 따른 공사 기간을 맞추려고 차가운 날씨에 작업하는 분들이 바삐 움직이고 있었다. 우리 학교 작업장에도 머나먼 외국에서 일자리를 찾아온 이주 노동자를 쉽게 볼 수 있다. 이미 우리나라 음식점이나 일터에서 이들이 차지하는 비중은 절대적이다. 고단하지만 우뚝 선 나무처럼 가족이 편안하게 지낼 수 있는 쉼터를 만들 생각에 굵은 땀방울도 달게 흘릴 것이다.

휴일에도 쉬지 않고 일하는 이에게 오늘 하루는 어떤 의미를 담고 있을까. 누군가는 자신을 길러준 부모를 봉양하기 위한 하루일 수도 있다. 또 누군가는 사랑하는 아내와 자식들의 행복을 위해 쉼을 미루고 부지런히 애쓰는 하루일 것이다. 그 안에 속이 꽉 찬 앳된 젊은이도 보였다. 그는 새 학기 등록금을 마련하거나 소박한 꿈을 이루기 위해 공사장에서 하루를 허투루 보내지 않을 것이다. 이들은 누구보다 몸과 마음으로 봄을 기다리고 있을 터이다. 제발 다치지 말고 아프지 말라는 마음을 담아 인사를 전했다.

2년 전, 늦깎이로 대학원 박사과정에 등록했다. 요사이 논문 준비하랴, 재주 없는 글 쓰랴 하루하루 코가 석 자나 빠졌다. 조용한 교장실에 앉아 자료를 찾느라고 씨름하다 보니 어느덧 저녁 시간이 허리를 자르고 들어앉았다. 서너 시간 동안 끙끙댔지만, 안갯속을 헤매듯 손에 잡히는 성과는 없다. 다음에 쏟아야 할 시간을 오늘 보탰다. 그만큼은 나아간 셈이라고 위안하며 책 보따리를 쌌다.

교정을 나서는데 오늘 하루 잘 살았냐고 묻는 듯 바람이 다가와 먼저 어깨를 두드렸다. 어둑어둑한 길을 헤치고 집에 도착했다. 불빛이 서둘러 창을 나와 맞이했다. 오늘따라 더욱 포근했다. 시장기를 메우고 아내와 눈길 산책에 나섰다. 가로등 불빛에 비치는 눈발이 마치 벚꽃처럼 환했다. 주머니 하나에 손을 포개고 같은 곳을 바라보며 같은 길을 걸었다. 이렇게 소중한 하루를 듬뿍 담아 글을 쓸 수 있어 행복하다.

며칠 동안 따사로운 햇살의 추파에 성급하게 봉오리 몇 개 터뜨려 놓은 나무는 깜짝 놀랐을 하루였겠다.

살 만한 세상

심술궂기로 말하면 놀부가 으뜸이다. 호박에다 말뚝 박고, 똥 누는 사람 주저앉히고, 남의 노적에 불 지르기가 둘째가라면 서러울 지경이다. 올여름의 심술도 만만치 않았다. 물폭탄으로 지붕 위에 외양간을 지었고 아파트 주차장에 보트를 띄웠다. 강둑 허물어 논밭을 다 쓸어가 버린 뒤, 여름은 한마디 사과도 없이 허겁지겁 떠났다. 그 꼬리를 물고 어느덧 제법 선선한 기운이 돈다.

어제 모처럼 지인들과 귀한 만남을 가졌다. 주고받는 이야기로 자정을 넘겼다. 같은 동네에 사는 친구와 택시를 탔다. 앞자리에 앉은 그가 택시비를 내고 내렸다. 택시는 어둠 속으로 꽁무니를 감추었다. 순간 친구가 주머니를 더듬으며 휴대전화기를 찾았다. 빈 주머니였다. 택시에 두고 내린 게 분명했다. 내가 잽싸게 친구 전화기에 두어 차례 통화 버튼을 눌렀다. 하지만 신호음만 빈 메아리로 돌아왔다. 공교롭게 휴대전화를 진동으로 설정하여 택시 운전자가 듣지 못한 모양이다.

요즘은 어지간한 정보는 모두 휴대전화기 안에 담겨있다. 스마트폰답게 궁금한 것은 즉각 해결할 수 있다. 똑똑한 네비게이션 덕분에 나 같은 길치도 낯선 곳에 가는 것이 그렇게 두렵지 않다. 언제 어디서나 멋진 광경을 보면 사진으로 남겨 좋은 추억을 간직할 수 있다. 잠시라도 전화기를 떼어 놓으면 할 수 있는 일이 없어 우두커니가 되고 만다.

문득 일부 택시 기사는 손님이 두고 내린 전화기를 중고 매매로 처분한다는 뉴스를 본 기억이 있다. 전화기를 못 찾으면 소중한 자료가 날아가 버리니 그것이 더 큰 손실이다. 분실 보험에 가입했다며 친구는 애써 태연한 듯했다. 다음 날 전화 오기만 바라고 집에 들어갔다.

아침 출근길에 내 전화기 벨이 울렸다. 발신인 창에 그 친구 이름이 떴다. 어젯밤 일은 까마득하게 잊고 다정하게 전화를 받는 데 낯선 목소리가 들렸다. 순간 정신이 퍼뜩 돌아왔다. 택시 운전자였다. 새벽에 택시 빈자리에서 알람이 울려 전화기를 보았다고 했다. 반가운 마음에 그쪽으로 찾으러 갈까 했지만 내 위치를 알려달라고 했다. 다행히 먼 거리는 아니었다. 잠시 후 내 차 앞에 검은 택시가 섰다. 반갑게 인사를 했더니 열린 창문 틈새로 쓱 전화기를 내밀었다. 마스크 너머로 젊고 선한 눈매가 돋보였다. 택시 요금이라도 드릴까 했지만 사양하고 달아났다. 그가 어제 잠시 일부 택시 기사를 떠올렸던 나를 부끄럽게 했다.

사람은 온당하지 못한 일을 했을 때 부끄러움을 느낀다. 부끄러움을 느낀다는 것은 양심이 있다는 것이다. 하지만 진정 부끄러운 것은 내가 부끄러운 일을 해 놓고 그것이 부끄러운 짓인지 모르는 것이다. 코로나19를 비롯한 긴 장마와 태풍 등으로 나라가 온통 뒤숭숭하다. 엎친 데 덮친 격으로 전공의들은 의과대학 정원 확대에 반대하며 집단휴진에 들어갔다. 이럴 때 부끄러움을 느끼지 못한다면 자칫 사람의 관계가 삐걱거리거나 삭막해지기 쉽다.

살다 보면, 생각한 대로 일이 다 잘 풀리는 것은 아니다. 문지방을 넘나들다 보면 들어설 때와 나설 때의 마음가짐이 달라지기도 한다. 삶의 물길이 나의 의지와는 딴판으로 흘러갈 때 마음이 흔들린다. 손님이 깜박 잊고 두고 내린 물건을 찾아주는 것은 어쩌면 당연한 일이다. 세상은 예전과 다르게 변했다. 당연했던 일이 더욱더 특별하게 다가온다.

요즘은 이웃이 가까이 다가오는 것도 마음이 편치 않은 시절이다. 사회적 거리두기 정책에 따라 바깥 활동을 하는 사람이 눈에 띄게 줄었다. 그 속에서 누군가는 한밤중까지 일해야 먹고 사는 세상이다. 그는 늦은 밤까지 운전대를 놓지 못하고 새벽에 다시 운전대를 잡고 골목을 누빌 것이다.

대궐 같은 집도 벽돌 한 장 한 장을 쌓아야 지을 수 있고, 실 한 가닥 한 가닥을 엮어야 질긴 밧줄이 된다. 각박한 세상이라고 일확천금을 노리거나, 큰일에만 신경 쓴다면 우리 삶에 소중한 부분을 놓칠 수 있을 것이다. 우리가 지닌 따뜻한 마음을 모으면 세상을 움직일 힘이 생긴다. 오늘 아침 훈훈함을 안겨준 그런 분이 계시는 한, 잔뜩 할퀴어 놓고 자취를 감춘 여름의 상처를 잘 치유할 수 있을 것 같다. 태풍이 물러간 하늘에 뭉게구름이 눈부시다.

마음을 담아 보태는 손

누구는 참 쉽게 말한다. “사는 게 뭐 별거냐?”라고. 이틀 전 일이었다, 그날 출근하자마자 범죄의 실마리를 찾는 수사대원이 된 듯했다. 발단은 이랬다. 전날 온누리상품권을 구매하고 영수증을 받았다. 액수를 확인하고 무심코 영수증을 서너 번 찢어서 책상 아래 휴지통에 넣었다. 그날, 공교롭게 휴지통이 가득 찼고 그걸 행정실 쓰레기통에 부었다. 상품권만 지갑에 넣는다고 끝이 아니었다. 영수증 일련번호를 복지 포털 홈페이지에 등록해야 했다.

찢은 영수증을 찾으려고 교장실에 있는 휴지통 뚜껑을 열었다. 휴지통이 깔끔했다. 결국, 행정실 쓰레기통을 뒤지기 시작했다. 곁에서 지켜보던 선생님이 자기 일이라도 되는 것처럼 손을 보탰다. 나는 뒷전이었다. 바라보기가 민망했다. 염치가 없어 뒤에서 입으로 성찬을 늘어놓았다. 그가 닭이 모이를 찾듯 바닥까지 훑었다. 조각이 하나씩 보일 때마다 앞뒤를 맞춰보며 범행의 단서를 찾은 것처럼 탄성을 질렀다. 퍼즐을 맞추는 동안 둘은 어린아이가 되었다. 투명 테이프로 찢어진 몸통을 이어갈 때는 유능한 외과의사로 변신했다. 선생님의 손을 거친 영수증은 그나마 어렴풋이 제 모양을 갖추었다.

사는 게 뭐 별거냐고 쉽게 말할 일이 아니다. 살다 보니 사는 게 별거 아닌 게 아닐 때가 훨씬 많다. 어제는 컴퓨터 마우스를 잘못 눌렀는지 갑자기 바탕화면 자료가 모조리 사라졌다. 그 순간 낭패감이라니. 갑자기 가슴이 철렁하며 낭떠러지로 떨어지듯 까마득했다. 급하게 교무실 선생님께 도움을 청했다. 그가 곁에서 차분하게 휴지통 찾기를 가르쳐주었다. 하루는 행정실 쓰레기통을 뒤엎고 다음 날은 컴퓨터 휴지통을 들락거렸다. 이때마다 내 손은 별로 도움이 되지 못했다. 도대체 뭐 하나 잘하는 일이 없다.

지난해부터 아버지가 눈에 띄게 쇠약해지셨다. 시간이 지날수록 화장실 출입도 할 수 없었다. 가족과 상의한 끝에 요양병원으로 모셨다. 그곳에서 아버지는 남의 손을 빌리지 않으면 하실 수 있는 일이 거의 없다. 매일 퇴근길에 들러서 내 손을 보탰다. 설상가상, 코로나19 여파로 가족의 병문안마저 금지했다. 그나마 그곳에도 내 손이 미치지 못한다.

톰 행크스가 주연을 맡았던 영화 〈캐스트 어웨이〉는 주인공이 남의 손을 빌리지 못하고 홀로 무인도를 탈출하는 줄거리이다. 주인공

척 놀랜드는 배송사업 때문에 전 세계를 돌아다녀야 했다. 어느 날 타고 가던 비행기가 바다에 추락했다. 정신을 차려보니 도착한 곳은 사람이 살지 않는 섬이었다. 그때부터 평범했던 한 남자의 삶이 송두리째 틀어졌다. 그는 사랑하는 여인을 만나야 한다는 마음 하나로 무인도에서 생존하는 방법을 터득했다. 4년 동안 외로움, 두려움과 사투를 벌이며 결국 뗏목을 만들었다. 뗏목을 타고 오랜 시간 표류하다 극적으로 지나가던 배에 구조되어 세상으로 나오게 되었다. 섬에서는 빌릴 남의 손이 없었다. 처절했다. 오직 혼자 손으로 견뎌야 했다.

집 근처에 카메라를 잘 다루고 영상 편집에 재주를 가진 친구가 살고 있다. 지난 겨울이었다. 그가 알고 지내는 시인에게 시집을 선물로 받았다며 보답해주고 싶다고 했다. 잠시 생각하다 그가 지닌 재주를 활용하면 좋겠다고 의견을 모았다. 다행히 주변에 시 낭송 취미를 가진 분이 계셨다. 그분이 흔쾌히 부탁을 들어주어서 시 낭송이 담긴 멋진 영상을 만들었다. 자기의 손재주와 낭송가의 재능이 더해져 시인의 마음을 온전히 훔쳤다고 만족해했다. 난 재주가 없으니 가운데서 말품만 팔았을 뿐이다.

받는 것을 싫어하는 사람은 없다. 그렇다고 덥석덥석 손을 내밀어 받기만 하다가는 결국 다 잃고 만다. 남을 위해 뭐라도 도움이 될 만한 것을 만들어야 한다. 돈이나 특별한 재주가 없어도 베풀 수 있는 '무재칠시無財七施'가 있지 않은가. 어떤 이가 석가모니를 찾아가 하소연을 했다.

"저는 하는 일마다 제대로 되는 일이 없으니, 이 무슨 이유입니까?"

"그것은 네가 남에게 베풀지 않았기 때문이니라."

"저는 가진 것이 아무것도 없는 빈털터리입니다. 남에게 줄 것이 있어야 주지, 뭘 준단 말입니까?"

"그렇지 않으니라. 아무 재산이 없더라도 줄 수 있는 일곱 가지는 있는 것이다."

그 안에는 힘들어하는 이웃에게 다가가 따뜻하게 위로와 눈길을 건네주는 마음, 남의 짐을 들어다 주거나 일손을 보태는 것이 있다. 그것은 누구나 할 수 있는 것으로 잘 사용하면 재물보다 더 큰 빛을 낼 수 있다.

남의 손을 빌리지 않으면 할 줄 아는 게 하나도 없는 사람이 있다. 말만 앞세운다. 막상 일이 닥치면 허둥대고 미루기만 한다. 결국, 맡은 일은 실수투성이가 되고 만다. 이런 사람을 흔히 '헛똑똑이'라고 한다. 나를 두고 하는 말이다. 쓰레기통을 뒤집고 휴지통을 들락거릴 급한 일이 생길 때마다 누군가의 어깨에 기댄다. 다른 사람의 손을 빌린다.

우리 학교는 선생님과 학생 수백 명이 한 울타리에서 활기차게 생활한다. 교감 선생님을 비롯한 여러 선생님이 맡은 역할과 학급 경영을 잘하고 있다. 급식실에서는 맛있는 식사를 책임지고 있다. 학교 살림이 원만하게 돌아가도록 행정실에서 최선을 다해 도와주고 있다. 학생은 열심히 공부한다. 모두 자기 자리를 지키면서 역량을 발휘하고 있다. 교장인 내 손이 가볍다. 감사할 일이다.

언제 나도 남에게 손을 보탤 날이 올까. 아직 부족하지만, 손을 빌려준 고마운 분에게 따뜻한 글이라도 남길 그럴 손을 가졌으면 좋겠다. 그때를 위하여 열심히 살아야 한다. 하루하루 틈을 벌려 내 손으로 몇 장이라도 책을 넘기고 서너 줄이라도 생각을 남기는 자세로 살아야겠다. 가만, 창밖 교정 목련 나뭇가지마다 뽀얀 병아리가 춤추고 있다. 목련에 봄 햇살도 손을 보태고 있다.

방학을 기다리는 이유

뾰족한 추위를 이겨내는 데는 익숙하지만, 더위에는 여전히 적응이 더디다. 오늘도 더위에 지쳐 맥없이 울어대는 매미 소리를 베고 눕기를 되풀이하였다. 엊그제 같은데 교직에 들어선 지 어느덧 30년이 지났다. 해마다 방학을 두 번씩 맞았으니 60차례 이상이 된 셈이다. 요즘 청년 일자리 구하기가 하늘에 있는 별 따기처럼 어렵다고 한다. 안정된 직장을 찾다 보니 많은 이들이 공무원이나 교직을 선호하고 있다. 교사가 되면 연간 두 달 이상 보장하는 방학을 누리는 특권이 생긴다. 이것이 교직이 선호도 1순위를 차지하는 커다란 이유일 것이다.

한 해를 시작할 때 각오를 다지듯 방학을 할 무렵마다 여러 계획을 세웠다. 그렇게 했건만 막상 개학을 맞이하면 뿌듯함보다 아쉬움으로 얼룩진 경우가 더 많았다. 셀 수 없는 시행착오를 겪은 후 지난 겨울방학부터 그동안 경험하지 못한 알찬 시간을 보냈다. 인근 대학에서 실시한 방학 특강 평생교육원 인문학 프로그램을 수강했다. 거기에 더하여 전주 외곽에 자리 잡은 대학에서 실시한 글쓰기 특강에도 참석했다.

언제부터인지 글쓰기에 관심을 두었다. 돌이켜보면 글쓰기에 대해 제대로 배워본 기억이 없다. 기본기를 제대로 익히지 못한 선수가 멋진 기량을 보일 수 있을까. 얄팍한 재주로 앞서는 의욕을 따라잡기 힘들었다. 막상 연필을 잡으면 망망한 바다에서 바람결에 휩쓸리는 돛단배 같다는 기분이었다. 생각나는 대로 끼적였다가 국어 선생님에게 수정을 부탁하기 일쑤였다. 늦게나마 대학에서 글쓰기 강좌를 개설한다는 것을 알았지만, 학기 중에는 수강할 수 없었다. 겨울방학 특강에 출석했다. 그러면서 학교 방학보다 내 글쓰기에 대한 목마름을 해결해줄 대학교 방학을 더 기다렸다.

지난 겨울방학에 이어 이번 주부터 한일장신대학교 최재선 교수가 진행하는 글쓰기 특강에 참석했다. 언뜻 거리를 생각하면 다소 부담도 있었다. 대신 세 시간 동안 구수한 입담에 흠뻑 젖고 나면 돌아오는 길이 마치 간이 잘 밴 음식을 먹은 듯 배가 불렀다. 어느 순간, 전에 쓴 글에 뾰족하게 솟은 부분이 보였다. 그때는 매끄럽고 촘촘하다고 생각했던 글이 얼기설기 엮여 있었다. 마치 구멍이 숭숭 뚫린 낡은 판잣집 담벼락을 보는 것 같았다. 누가 보는 것도 아닌데 혼자 얼굴이 화끈거렸다. 부지런히 땜질하면서 구멍을 메꾸었다. 배운 대로 가지치기를 하며 숨통을 틔워주었다. 전지를 마친 나무처럼 조금씩 글 맵시가 살아나는 듯했다.

서너 달 전부터는 아들과 딸에게 글쓰기 훈련에 동참하도록 권했다. 가족 대화방을 이용해 글을 공유하고 내가 아는 범위에서 첨삭해주고 있다. 내 글의 빈구석도 찾지 못하는 둔한 더듬이를 가지고, 남이 쓴 글을 훈수하고 있다. 글쓰기 특강을 통해 배운 재미를 느끼고 있는 셈이다.

수업을 마치고 돌아오는 길에 앞으로 8~9주 동안 받게 될 강의를 생각하면서 병아리 셈부터 했다. 옛날에 가난한 총각이 장터에 가서 달걀을 한 줄 샀다. 집에 오면서 부지런히 머릿속으로 셈을 했다. "이 달걀 10개가 부화하면 병아리 열 마리가 되겠지. 커서 암탉이 되면 다시 달걀을 낳고 이렇게 서너 차례 키워 닭을 팔아 송아지를 사야지. 송아지가 커서 어미 소가 되고 다시 새끼를 낳으면 나는 곧 부자가 될 거야. 부자가 되면 예쁜 색시에게 장가들고 아들딸 낳아서 잘 살아야지." 하고 콧노래를 부르며 길을 재촉했다. 너무 기쁜 나머지 그만 발을 헛디뎌 돌부리에 걸려 넘어지고 말았다. 달걀을 모조리 깨뜨렸으니 부자 되기는 이미 글렀다.

글쓰기 수업에 참석했으니 일단 달걀은 한 줄 산 셈이다. 지난 강의에서 교수님이 힘주어 전했던 말이 떠오른다. "글을 잘 쓰려면 우선 메모하는 습관부터 가져야 합니다." "아는 만큼 보입니다. 읽기와 글쓰기는 한 몸입니다." "수필은 진실해야 합니다. 그래서 글 쓰는 이 마음가짐이 그만큼 중요합니다." 이번 특강을 듣고 나면 글쓰기 힘이 얼마나 길러질까. 교수님 가르침을 따라 열심히 노력한다면 송아지는 그만두더라도, 달걀을 부화시켜 암탉으로 자라도록 할 수 있을까.

해마다 어김없이 방학을 맞는다. 생각해 보니 앞으로 교직에서 방학을 맞을 일이 한쪽 손가락셈 안에 들어왔다. 이제부터 맞이하는 방학은 지나온 방학보다 더 알차게 설계해야겠다. 그러기 위해 병아리셈부터 하지 말고 좋은 글을 많이 읽어야 한다. 내 마음을 부드럽게 만져주는 글을 읽으면서 진실한 마음으로 부지런히 써보자. 이번 방학도 서두르지 말고 발부리 걸림돌을 찬찬히 살펴 가며 귀한 시간으로 만들어야겠다.

복 주는 말 한마디

날씨가 차가워졌다. 오전 법회 시작할 시간이 다 되어간다. 교도님을 기다리는 방석은 여태 오지 않은 주인을 맞이하려고 자리를 데워 놓고 있다. 시작할 때 방석이 다 채워지면 좋겠다는 생각과 불참자들에 대한 서운함이 살짝 밀려왔다. 오늘은 단별로 법회 사회와 의식을 진행하는 교화단 법회날이다. 교당 재주꾼, 살림꾼들이 모여 있는 신성단이 그 주인공이다.

진행자가 죽비에 맞추어 시냇물 흐르듯 법회를 매끄럽게 시작했다. 의식을 마치고 교화단 법회의 하이라이트, 감상담(생활하면서 마음에 갈등이 일어날 때 이를 정리한 것) 발표가 이어졌다. 평소 말수가 적고 수줍은 미소를 지닌 황○○ 교도가 주인공이었다. 마이크 앞에 서자 가슴이 떨린다며 한 자락을 깔았다. 교도들의 박수가 터졌다. 그가 남편과 살면서 겪는 소소한 일상을 구성지게 풀어놓았다. 이들은 부부 교도이다. 남편은 저만치서 무슨 이야기가 나오나 하며 귀를 쫑긋하고 앉아 있었다. 아내가 요란스러웠던 자신의 마음을 내보일 때 남편의 얼굴이 빨갛게 달아올랐다. 가족을 위해 헌신하는 남편의 마음을 알고 요란해지는 마음을 감사함으로 돌린다는 말이 이어졌다. 교도들의 박수 소리가 터지자 남편의 입이 귀밑까지 올라갔다.

살면서 일이 생각대로 되지 않아 어려움을 겪을 때가 있다. 그때마다 마음이 편치 않다. 하지만 잠시 생각을 바꿔보면 그런 원망 속에서도 감사함을 찾을 수 있다. "김○○ 교도, 자네 장가는 잘 갔네!" 모두 한마디씩 덧붙였다. 곁에서 듣고 보니 반쪽짜리 칭찬이었다. '장가는 잘 갔네'가 아닌 '김○○ 교도, 당신은 장가도 잘 갔어!'라고 해야 맞다. 이제부터 '는' 보다 '도'를 입에 달고 살아야겠다. 비록 토씨 하나지만 전해지는 느낌은 완전히 다르다. 오늘 멋진 감상담을 전해준 황○○ 교도가 고마운 스승이다. 마음도 고운데, 말도 참 잘했다. 이런 사람과 사는 김○○ 교도도 참 행복하겠다.

무심코 건넨 말 한마디가 듣는 사람의 인생을 바꾸어 놓을 수 있다. 평소에 알고 지내는 교수가 있다. 기자가 그에게 서예와 전각, 그림 등에 능통하게 된 계기가 있느냐고 질문했다. "초등학교 4학년 때 처음 붓을 잡았습니다. 특별활동 시간에 서예부에 들어갔는데 당시 선생님께서 '넌 글씨를 잘 쓰는구나'라는 칭찬 한마디가 지금의 나를 있게 했습니다."라고 고백했다. 그가 바로 지난해 문재인 대통령과 북한 김정은 국무위원장이 만났을 때 증표로 남긴 판문점 회담 기념 표지석을 썼던 여태명 원광대 교수다.

반면, 비수가 되어 꽂힌 다른 말 한마디도 있다. 중학교를 중퇴하고 절도죄로 경찰서를 들락거리다 나중에 살인을 저질러 세상을 떠들썩하게 만든 사람이 있었다. 그는 나중에 이렇게 심경을 밝혔다. "나를 잡으려고 군대까지 동원하고 엄청난 돈을 썼는데……. 나 같은 놈을 만들지 않을 방법이 있다. 내가 초등학생이었을 때 선생님이 착하다고 머리 한 번만 쓸어주었으면 여기까지 안 왔을 것이다. 5학년 때 선생님이 '이 새끼야, 돈도 안 가져왔는데 뭐 하러 학교 와. 빨리 꺼져.'하고 소리쳤는데 그때부터 마음속에 악마가 생겼다." 두 사람은 초등학교 다닐 때 들은 선생님의 말 한마디로 삶의 방향이 송두리째 달라졌다.

흔히 말 한마디로 천 냥 빚을 갚는다고 한다. 옛날 시골 장터에서 박씨 성을 가진 나이 지긋한 백정이 고기를 팔고 있었다. 어느 날 젊은 양반 두 사람이 고기를 사러 왔다. 한 양반이 말하기를 "어이 백정, 고기 고기 한 근만 다오." 하니 백정이 "예 그러지요." 하면서 고기를 칼로 칼로 썩 베어 주었다. 또 다른 한 양반은 상대가 비록 천한 백정이긴 했으나 나이 지긋한 사람에게 함부로 말하기가 민망해서 "박 서방, 고기 한 근 주시게."하고 말했다. 그러자 백정이 "예, 고맙습니다." 하면서 솜씨 좋게 고기를 잘라 주는데 먼저 양반보다 훨씬 많았다. 그때 먼저 양반이 소리쳐 따졌다. "이놈아, 같은 한 근인데 어째서 이 양반 것은 내 것보다 배나 많으냐?" 그러자 나이 지긋한 백정은 “예, 그야 손님 고기는 백정이 자른 것이고, 이 어른 고기는 박 서방이 자른 것이니까 그렇지요.”하고 대답했다.

세상을 살면서 좋은 말만 하고 살 수 없다. 하지만 말의 힘을 생각한다면 비난이나 상처가 되는 말은 삼가야 한다. 상대가 바뀌기를 바란다면 기분을 언짢게 하지 않으면서 마음을 움직이게 하는 말을 쓰도록 노력해야 한다. 세상에 칭찬을 싫어하는 사람은 없다. 타인으로부터 존중받는 말을 들어본 사람이 남을 존중하는 말을 건넬 수 있다.

법회가 끝날 때까지 방석 몇 개는 결국 주인을 만나지 못했다. 어느 자리에서라도 은혜를 발견하여 감사 생활하는 사람이 마음 부자이다. 생각을 돌려 법회에 참석하지 못한 교도들에 대한 서운함을 내려놓자고 다짐했다. 피하지 못할 일로 법회에 함께 하지 못한 교도님들 마음도 많이 불편할 것이다. 이번 한 주 건강하게 보내고 다음 주 법회에서 활짝 웃는 모습으로 만나자고 기도했다.

4부

손잡이

글쓰기 초보

방학이라지만 매일 출근한다. 급한 결재를 마치고 아버지가 계신 병원으로 갔다. 아버지 목욕시켜드리는 날이다. 오늘따라 동생들이 시간을 낼 수 없었다. 다행히 조카가 손을 보태 힘이 되었다. 일주일에 한 번씩 간병인이 씻겨드린다고 했지만, 평소 깔끔한 분이라 성에 차지 않아 하셨다. 지난주는 무릎이 편찮으셔서 한 차례 걸렀다. 그래서 더욱 신경을 써서 정성껏 온몸을 닦아드렸다. 마지막에 머리 감을 차례가 되었다. 샴푸를 바르자 휠체어에 앉은 채 당신께서 직접 두 손으로 머리와 얼굴을 문지르셨다.

아버지는 이따금 방금 있었던 일을 기억하지 못하신다. 고질적인 허리와 무릎 통증 때문에 거동이 몹시 불편하셔서 화장실 출입도 가능하지 않다. 이런 분에게 아직 손수 머리를 감을 기력이 남아있다는 것이 얼마나 감사한 일인가. 내게 찾아뵐 부모님이 계신 것, 씻겨드릴 수 있는 아버지가 계신 것이 감사하다. 언제까지 가능할지 모르지만, 당신께서 직접 머리를 감을 기운이 오래오래 남아있으면 좋겠다.

오늘은 두 시부터 다섯 시까지 글쓰기 수업이 열린다. 나에게 이 시간은 청량제를 보충하는 달콤한 시간이다. 마음이 기울어 누군가에게 달려갈 수 있는 길이 있으니 참 행복하다. 며칠 전, 도교육청에서 오늘 세 시 삼십 분에 실시하는 연수에 참석하라고 연락했다. 어쩔 수 없이 글쓰기 수업 중간에 빠져나오기로 교수님께 양해를 구했다. 문득 전주 모 병원에 입원해 있는 후배가 떠올랐다. 차일피일 미루었는데 오늘 전주 가는 길에 문병할 시간을 쪼개 보기로 했다. 병문안 마치고 글쓰기 시간에 늦지 않으려면 서둘러 점심 식사를 마쳐야 했다.

돌덩이처럼 단단한 아우가 병실에 누워서 나를 맞이했다. 함께 철인 운동을 즐기는데 무리했는지 허리가 아파 얼마 동안 꼼짝 못 했다. 결국 디스크 파열 진단을 받고 입원했다. 그는 통증을 하찮게 여기지 않고, 아픔을 절망으로 바라보지 않았다. 그의 눈빛이 나에게 말했다. 몸은 건강할 때 더욱 잘 챙겨야 한다고. 부디 잘 관리해서 쾌유하기를 기도하고 병실 문을 나섰다.

서두른 덕분에 다행히 글쓰기 수업에 늦지는 않았다. 한 시간 동안 열심히 듣고 중간에 강의실에서 나왔다. 엘리베이터 문이 열리는 순간 그동안 무심히 지나쳤던 게시물이 눈에 띄었다. 얼핏 훑어보니 어딘지 매끄럽지 않았다. 일단 사진으로 남기고 부리나케 도교육청으로 차를 몰았다.

다섯 시에 마치기로 한 연수가 십 분 정도 길어졌다. 여섯 시에는 익산에서 법인 이사장님과 교장단 회의가 있다. 시원하게 뚫린 자동차 전용 도로를 기분 좋게 달렸다. 시내에 들어오면서 퇴근 시간에 맞물려 신호대기 하는 시간이 길어졌다. 전에는 운전하다 신호에 걸리면 조급함에 짜증을 냈다. 요즘은 차 안에서 그 틈을 느긋하게 활용한다. 글쓰기 수업 시간에 휴대전화로 녹음한 강의 내용을 복습하느라 귀를 쫑긋 세우면 시간이 더디지 않다. 그러면서 비어있는 글 그릇을 채우는 기회로 삼는다. 오늘 여러 군데를 부지런히 찍고 다녔다. 다행히 한 곳도 지각하지 않고 제시간에 도착했다.

도교육청 연수 끝 무렵에 아까 엘리베이터 앞에서 찍어두었던 사진 생각이 났다. 전화기 화면을 보고 종이 여백에 글귀를 옮겼다. 서너 차례 읽었지만, 결이 곱지 않고 공이가 튀어나온 듯 자꾸 거슬렸다. 맛있게 식사했는데 어금니 깊숙한 곳에 생선 가시가 끼어 있는 느낌이 그랬다. 거기에 이렇게 씌어 있었다. "승강기 사용 안내. 국가적인 에너지 절약 방침에 따라 장애우를 제외한 3층까지의 운행은 금지하여 주시길 부탁드립니다." 일단 튀어나온 부분을 다듬어 보려고 이리저리 살펴보았다. 좀처럼 다듬어지지 않았다. 이럴 때는 몇 번이고 읽어보면 어렴풋이 실마리가 보인다. 우선 긴 문장을 잘라보기로 했다. 먼저 '국가적인 ~'으로 시작하는 첫머리는 너무 거창했다. 떼어버려도 문제없을 듯 했다. '~ 장애우를 제외한 3층까지의 운행은 ~' 에는 주어가 실종되었다. '~3층까지의 ~'부분에서 '~의'는 아무런 의미

전달을 하지 못하는 것이기에 생략했다.

“에너지 절약 방침에 따라 장애우를 제외한 분은 3층까지 엘리베이터 운행을 자제하여 주시기 바랍니다.” 이렇게 다듬어 글쓰기 수강생 단체 대화방에 올렸다. 다시 보니 ‘운행’보다 ‘이용’이 더 적절한 것 같아서 수정하였다. “맞아요.” 교수님이 즉각 답장을 보냈다. 어쭙잖게 글쓰기 공부한다고 언제부터인지 이런 글을 보면 헤집어 보게 되었다. 책을 읽을 때도 어색한 부분을 보면 다시 한번 찬찬히 살펴보는 습관이 생겼다.

선무당이 사람 잡는다고 했다. 이럴수록 나를 더욱 경계해야 한다. 글쓰기에 관심을 기울이다 보니 겨우 실눈을 뜨게 되었다. 글을 쓰면서 제목을 무엇으로 달아볼까 고민하였다. 언젠가 읽었던 ‘이제야 보이는 것들’과 ‘나의 하루’가 후보로 떠올랐다.

외곽으로 이사하면서 아내가 운전을 시작했다. 깜깜한 장롱에서 숨죽이고 있던 아내의 운전면허증이 눈을 깜박거렸다. 아내가 자동차 뒷유리에 대문짝만한 초보운전 딱지를 붙였다. 아내는 초보운전자답게 곁눈질하지 않고 한길로만 다닌다. 나는 이제 걸음마를 시작하는 글쓰기 초보다. 아내가 운전할 때처럼 한눈팔지 말자. 서두르지 말자. 윤기 흐르는 밥을 짓기 위해서는 충분하게 뜸을 들여야 한다. 이제야 조금씩 보이는 글을 되새김하면서 내가 가야 할 곳을 똑바로 보자. 오늘 하루를 꽉 찬 스물다섯 시간처럼 보냈다.

손잡이

모처럼 저녁 식사 시간에 맞추어 퇴근했다. 식탁에 앉아 저녁을 먹는데 아내가 다정하게 불렀다. 순간 반사적으로 움찔했다. '이건 뭐지?' 30여 년을 함께 살면서 나도 모르게 체감한 오싹한 느낌이다. 무엇인가 문제가 있거나 나에게 따져야 할 일이 있을 때 하던 전조증상이기 때문이다.

생각을 멈추고 잽싸게 머리를 굴려보았다. 책잡힐 것이 없지만 사람 일은 알 수 없는 법. "왜?" 바짝 긴장의 끈을 조이며 최대한 자연스럽게 대답했다. 그 뒤에 이어지는 말을 듣고 원시림처럼 무성했던 걱정이 아침 안개 사라지듯 했다.

"이거 떨어졌어. 본드로 붙일 수 있어?"

언뜻 보니 무쇠 솥뚜껑 손잡이 같은데, 손잡이가 댕강 부러졌다. 집에서 아내가 요긴하게 쓰던 솥이었다. 내가 무슨 재주꾼도 아니고,

아무리 강력한 순간접착제라도 무쇠를 붙일 수는 없다.

"에이, 쇠는 안 되지."

순간 아내 얼굴에 실망하는 표정이 역력했다. 손잡이가 부러졌으니 이제 뚜껑을 여닫을 수가 없다. 어쩔 수 없이 아끼는 솥을 버려야 한다고 생각한 것 같다.

손잡이는 손으로 잡을 수 있도록 물건에 덧붙인 부분이다. 이러한 손잡이는 쓰임새에 따라 모양이나 생김새도 각양각색이다. 물론 하는 역할도 가지가지다. 등산길 가파른 곳에 둥지를 튼 나무의 허리는 손때가 묻어 반질반질 윤기가 흐른다. 어느 틈에 산에 오를 때 힘겨워하는 사람에게 허리를 내어주어 손잡이가 되었다. 몸살이 날 법도 하지만 용케 견뎌낸다. 고통을 오히려 단단함과 윤기로 승화시켰다. 이렇게 아래에서 위로 올라갈 때 몸을 가누고 힘을 쓰기 위해 손잡이가 필요하다. 이때 손잡이에 지나치게 의지하지 말고 적당하게 힘을 가해야 한다. 무슨 일이든 위로 올라가는 것은 절대 호락호락하지 않다. 믿고 의지했던 손잡이가 부실하면, 오히려 낙마하는 불상사를 입을 수 있기 때문이다. 그럭저럭 좋은 평판을 받고 살던 사람이, 급하게 위로 가려고 분에 넘치는 손잡이를 잡아서 망신당하는 경우가 얼마나 많은가.

미닫이문을 열 때는 굳이 손잡이가 없어도 된다. 옆으로 밀면 된다. 하지만 여닫이문에 손잡이가 없다면 문의 역할은 다한 것이다. 제때 열거나 닫지 못하는 문은 더 이상 문이 아니다. 그때부터는 안과 밖을 가로막은 벽이나 다름없다. 맛있는 요리를 할 때 쓰는 식칼도 손잡이가 없으면 무용지물이다. 칼 대신 가위를 쓰면 된다고 생각할지 모른다. 손잡이 없는 가위를 본 적이 있는가. 아무리 재주 좋은 목수라도 나무를 매끈하게 다듬으려면 날이 잘 선 대패가 필요하다. 대패를 손으로 쥐는 데 편리하도록 대팻집에 가로 댄 나무 손잡이를 '젙손'이라고 한다. 솥뚜껑 같은 그릇 따위에 반달 모양으로 만들어 붙인 손잡이는 '들손'이라고 한다.

농사를 지을 때 농기구가 없으면 힘이 들고 능률이 오르지 않는다. 밭을 일굴 때는 괭이나 삽이 필요하다. 거친 잡초를 벨 때는 날 선 낫이 필요하고, 풀을 맬 때는 호미가 있어야 한다. 이때 손잡이는 대부분 자루라는 이름표를 달고 산다. 자루나 손잡이는 부르는 이름만 다를 뿐, 해야 하는 역할은 매 한 가지다. 날이 서지 않은 낫이나 칼은 필요할 때 제 몫을 제대로 할 수 없다. 이때 삽을 뒤집어 놓고 그 손잡이에 숫돌을 끼운다. 삽의 손잡이와 각을 이룬 숫돌을 깎아 먹으며 그 힘으로 비로소 날을 세운다. 버스나 전철을 탈 때 천장에 기다랗게 이어 놓은 손잡이는 부상을 방지하고 생명을 지키는 역할을 한다. 따가운 햇볕에서 피부를 보호해주는 양산과 비 오는 날 몸이 젖지 않도록 해주는 우산에도 여러 가지 모양의 손잡이가 있다. 구부러진 전통방식 손잡이에서부터 버튼식 손잡이까지 편리성을 극대화하고 있다.

우리 조상은 곡식을 갈거나 맛있는 묵을 쑤기 위해 도토리를 갈 때 대개 맷돌을 사용했다. 이때 맷돌에 손잡이가 없다면 어땠을까. 매우 난감한 일이다. 이런 일을 당하면 어이가 없다고 한다. 흔히 '어이'는 맷돌의 손잡이로 알려져 있다. 하지만 맷돌 손잡이는 '맷손'이라 불렀다. 짐승을 잡을 때도 손잡이가 있다. 닭을 잡을 때는 날개를 잡아야 하고 토기를 잡을 때는 귀를 잡아야 한다. 고양이를 잡을 때는 목덜미를 잡으면 된다. 이처럼 손잡이에는 삶의 편리성과 유용성이 담겨있다.

손잡이는 숨이 막힐 듯 멱살을 잡혀도 불평하지 않는다. 지문이 지워지고 뭉툭해져도 제 자리에서 치장하려고 애쓰지 않는다. 그동안 손잡이를 얼마나 요긴하게 쓰는지 제대로 알지 못했다. 그저 주어진 자리에 당연하게 있어야 하는 것으로 여기며 살았다. 어려운 처지에 있는 이웃이나 소원해진 사이에 먼저 손을 내밀면 따뜻한 소통의 물꼬를 열 수 있다. 나는 여태 누군가의 손잡이가 되어 준 적이 있었던가. 나와 인연을 맺고 있는 이들이 스스럼없이 나를 붙잡고 오르내리도록 자리를 내어준 적이 있었던가. 내 어깨가 무겁다고 잡은 손을 뿌리치고 돌아서지는 않았던가. 누군가의 마음에 상처를 주지 않았는가 생각해 본다.

식사를 마치고 다시 살펴보니 다행히 무쇠가 아니라 흙으로 빚은 손잡이었다. 이 정도는 순간접착제로도 어찌해 볼 수 있겠다 싶었다. 아내가 없는 틈을 타 뚜껑에 손잡이를 튼실하게 붙여 놓았다. 아내가 아끼는 그 솥은 생명을 얻어 다시 맛있는 음식을 지어낼 수 있을 것이다. 감쪽같이 달라붙은 손잡이를 보고 기뻐할 아내를 생각하니 흐뭇하다. 아내에게 나는 여전히 맥가이버로 남고 싶다. 참, 사람은 어디를 잡아야 할까. 사람을 잡는 손잡이는 멱살이 아니다. 바로 마음이다.

우리가 만든 플라스틱 섬

지방 중소도시에서 직장을 다니는 영미 씨는 다섯 살, 세 살배기 아이를 둔 엄마이다. 영미 씨는 아이들과 함께 놀아주는 시간이 적어 항상 미안한 마음을 가지고 산다. 넉넉하지 않지만 젊은 맞벌이 부부답게 아이들을 부족함이 없도록 기르려고 최선을 다한다.

영미 씨는 전날 밤에 미리 아침 식사 준비를 해 놓아야 안심하고 잠자리에 들 수 있다. 아침이면 잠에 취한 아이들을 깨우는 일이 전쟁이다. 오늘도 허겁지겁 아침밥을 먹인 다음 어린이집에 맡기고 출근했다. 영미 씨는 점심때가 되어 사무실 근처 식당에서 식사했다. 식사를 마친 후 마치 통과의례처럼 자연스럽게 카페에 들렀다. 동료들과 한참 이야기를 나누다 미처 마시지 못한 커피를 들고나왔다. 손에 든 투명하고 커다란 플라스틱 컵에는 목에 주름진 긴 빨대가 꽂혀 있다. 컵은 허리 부근에 두툼한 종이 띠를 두르고 있다. 영미 씨는 기분 좋은 표정으로 동료들과 이야기를 나누며 사무실로 향했다. 고개를 돌려 주변을 보니 일행 대부분이 플라스틱 컵을 들고 있었다. 사무실에 도착한 영미 씨는 양이 많아 다 마시지 못한 커피를 세면기에 쏟아부었다. 익숙한 손놀림으로 빈 컵에서 종이 띠를 분리해 쓰레기통에 넣었다.

퇴근길에 생수와 아이들 간식으로 줄 과일을 사기 위해 집 앞에 있는 마트에 들렀다. 이것저것 챙겨 담다 보니 부피가 제법 되었다. 계산대에서 점원이 물었다.

"봉지에 담아 드릴까요?"

"네."

"한 장에 30원씩, 90원입니다."

오늘따라 휴대용 시장바구니를 가지고 오지 않았지만 이렇게 비닐봉지에 담아 가는 것도 편리하다고 생각했다.

현관문을 열고 들어서니 TV를 보고 있던 아이들이 쪼르르 달려오며 엄마 품에 안겼다. 낮에 일하느라 쌓였던 피로가 싹 가시는 순간이다. 양팔을 벌려 아이들을 꼬옥 안아주었다. 핸드백을 던져 놓고 서둘러 간식을 챙겼다. 과일은 특별히 크고 빛깔 좋은 것으로 샀다. 세상에서 가장 소중한 내 아이들이 먹을 거니까. 과일은 플라스틱 용기에 보기 좋게 담아 더욱더 먹음직스러워 보였다. 먼저 냉장고를 열고 플라스틱병에 담은 시원한 생수부터 한잔 마셨다. 조심스럽게 과일 포장을 벗겨 비닐포장지는 쓰레기통에 버렸다. 어느새 비닐봉지와 포장

용기가 쓰레기통에 가득했다.

엄마가 간식을 준비하는 사이 아이들은 다시 TV 화면에 몰입해 있다. 잠시 후 간식을 들고 아이들 곁에 앉았는데 '플라스틱 섬'이라는 아나운서의 말이 귓가를 스쳤다. '대체 어디에 플라스틱으로 만든 섬이 있다는 거야?' 생각하며 물끄러미 화면을 보았다. 순간 영미 씨는 화면에서 시선을 뗄 수 없었다. 실로 어마어마한 장면이 펼쳐지고 있었다.

평소 영미 씨는 신세대 주부답게 쓰레기 분리배출에 앞장서고 있다고 자부해왔다. 플라스틱, 종이, 유리병, 스티로폼 등을 따로 모아 둔다. 심지어 다 마신 우유 팩과 이물질을 담은 병은 물로 행군 다음 배출했다. 그러면서 스스로 뿌듯해했다.

TV를 보다 답답해진 영미 씨는 인터넷을 검색하기 시작했다. 검색창에 '플라스틱 섬'이라고 쳤다. 그러자 바다 한가운데 플라스틱 부유물이 산더미처럼 쌓여 거대한 섬을 이루고 있는 모습이 보였다. 기사를 찬찬히 살펴보았다.

"얼마 전 미국에서 발표한 한 연구는 세계를 충격에 빠뜨렸다. 다양한 국가에서 시판 중인 유명 생수를 조사했더니, 이 가운데 93%에서 플라스틱 조각을 검출했다는 것이다. 곧이어 구미와 아시아 여러 나라에서 생수와 수돗물은 물론 어패류, 맥주, 꿀 심지어 소금에서도 미세플라스틱을 발견했다는 놀라운 연구 결과가 나왔다. 사실 한반도 10배도 넘는 크기의 플라스틱 쓰레기 섬이 있다거나, 비닐이나 플라스틱 조각 때문에 죽는 바다생물이 늘어간다는 소식은, 심각하긴 해도 내 눈앞의 문제는 아니었다. 더구나 플라스틱은 고분자 특성상 인간 세포막을 통과할 수 없어, 먹더라도 자연스럽게 배출된다고 알려졌다. 일상적으로 쓰는 세정제나 화장품, 치약에도 작은 알갱이 형태의 미세 플라스틱을 첨가한 제품이 많다. 그런데 우리 눈에 보이지도 않는 미세 플라스틱이 어느새 우리 식탁 위에까지 올라와 있다고 한다." 이런 내용이었다.

더욱더 놀라운 것은 심지어 영미 씨가 그동안 열심히 분리 배출한 플라스틱의 10%만 재활용으로 쓰고, 나머지 90%는 일반 쓰레기와 섞여 소각하거나 대부분 바다에 버리고 있다는 것이다.

또한, 오랜 시간에 걸쳐 분해된 미세 플라스틱은 해양생물을 통해 결국 우리 인체에 스며들고 있다는 사실이었다. 게다가 미세 플라스틱은 독성 화학 물질을 옮기는 운반체 역할을 한다. 폴리에틸렌, 폴리프로필렌, 나일론과 같은 석유 화학 물질로 만든 플라스틱은 주변의 유해 화학 물질을 자석처럼 끌어당기는 특성이 있다. 유독성 물질을 흡수한 미세 플라스틱이 물고기의 몸을 거쳐 우리의 식탁에 오르고 있다. 지금 우리는 생태계를 무분별하게 파괴한 대가를 혹독하게 치르는 것이다.

맛있게 과일을 먹고 있는 두 아이를 보자 순간 영미 씨의 눈가에 심한 경련이 일었다. 편리를 추구한 인간의 욕망이 결국 재앙이 되어 돌아오고 있었다. 내 아이들이 그런 유해물질을 먹고 있다니. 영문도 모른 채 맛있게 과일을 먹고 있는 아이들을 보자 영미 씨의 가슴이 답답하고 조급해졌다.

열꽃

가을인가 싶더니 때 이른 추위가 겨드랑이를 파고들었다. 강풍을 견디지 못하고 수북하게 잎을 빼앗긴 가로수가 죄다 침울하다. 날 세운 바람이 며칠 도돌이표 사이를 오가더니 쉬어갈 듯 잠시 기세를 늦추었다. 새벽에 걸치고 나온 두꺼운 외투가 짐이 되었다.

지난해 겨울 방학에 이어 다섯 달 동안 매주 한 번씩 시 쓰기 공부를 하고 있다. 과제를 할 때마다 바위를 지고 태산을 넘듯 비지땀을 흘린다. 새로운 것을 만들어 내야 한다는 고통이 어깨에서 떠나지 않는다. 공부 시간 내내 자갈밭에 쟁기 부딪치는 둔탁한 소리만 가득하다. 몇 줄씩 써온 글을 놓고 합평했다. 낭송을 마치면 돌아가면서 수강생이 느낌을 말했다. 어떤 이는 자신이 쓴 시에 후한 점수를 매겼다. 하지만 이어지는 선생님의 송곳 같은 지적에 얼굴이 붉어지고 눈에 불꽃이 일렁이기도 했다. 내가 내민 작품에도 열꽃이 번졌다. 그렇게 풀무질로 달아오르면서 우리 작품이 조금씩 투명하고 단단해졌다.

다섯 달 동안 수업한 결실을 모아 전시회를 준비했다. 본인 마음에 드는 작품을 석 점씩 골랐다. 예쁜 종이에 멋들어지게 글씨를 쓰고 여백에 붓칠도 했다. 앙증맞은 액자에 넣고 받침대에 올려 키를 높였다. 시골뜨기가 도회지 물을 먹고 촌티를 벗듯 세련된 모습으로 달라졌다. 며칠 후, 아늑한 카페에 작품을 들여놓고 지인을 맞았다. 근사하게 격식을 갖추고 본인의 작품을 낭독하였다. 몇 안 되는 관객의 환호였지만 우쭐했다. 그 순간은 모두 남 부럽지 않은 시인이었다. 떡과 차를 앞에 놓고 저녁 끼니를 대신했다. 분위기에 취해 두 시간이 한 묶음으로 줄행랑을 쳤다.

어제 경주에서 열린 수필 부문 신인상 시상식에 다녀왔다. 지난여름, 틈틈이 써놓았던 글 몇 편을 문예지에 보낸 것이 운이 좋았는지 신인상 수상 작품에 선정되었다. 설레는 마음으로 시상식에 참석하여 등단 인증서를 받았다. 생전 처음 겪는 일이라 얼떨떨했지만 구름 꼭대기까지 올라간 나의 기분은 내려올 줄 몰랐다. 인증서 아래에 수필가라는 호칭과 그에 따른 권리, 명예, 특권이 씌어 있었다. 그동안 수없이 넘어졌다가 겨우 균형 잡고 걸음마를 뗀 초보다. 이런 사람에게 무슨 권리와 특권이 있는지 모르겠다. '글이 곧 삶'이라고 배웠다. 내 삶은 아직 뾰족하고 울퉁불퉁하다. 쓰는 일을 통해 점점 비워지는 펜 속의 잉크처럼 그렇게 비우고 더 낮아져야 한다는 말이라 생각한다.

더하여 깊이 생각하고 실천하는 힘을 키워야 한다. 실천을 통해 좋은 글을 쓰고 그 글을 바탕으로 더 성장하는 사람이 되어야 한다.

두어 해 전부터 SNS를 통하여 지인들과 교류하고 낯선 이와 친구를 맺고 있다. 그곳에서 수필가 등단 소식을 접한 지인이 SNS를 통해 글을 보내주었다. 과분한 칭찬에 귓불이 붉어졌다. 더 열심히 살라는 채찍일 것이다.

"철인3종으로 만들어진 탄탄한 몸에서 헌혈의 샘이 솟고~
부드럽고 굽이진 뇌의 계곡에선 서정적인 문체가 쌓이고~
교육자의 멋진 삶은 의식의 강을 따라 유유히 흐른다~
제가 느낀 송 교장 선생님의 인생입니다^^"

어느 순간부터 새로운 것을 향해 끊임없이 도전해 보겠다고 덤볐다. 미래는 내가 생각하는 대로 이루어진다고 믿고 있다. 강행군이었다. 오늘 새벽 잠자리에서 일어나는데 결국 윗입술에서 묵직한 신호가 왔다. 더듬어 보니 말랑말랑한 봉우리가 솟았다. 열꽃이었다. 밤을 꼬박 새워가며 100km를 열두 시간 이상 달린 적이 있다. 열여섯 시간 동안 쉬지 않고 몸을 내던진 경험도 있다. 그때도 열꽃은 피지 않았다. 이삼일 사이에 일어난 낯선 경험으로 마음이 몸살을 앓았나 보다. 얼마간은 그 자리를 떠나지 않겠지만 내가 나에게 주는 훈장쯤으로 여기고 달래 봐야겠다. 입술에 피어 있는 열꽃이 가라앉을 즈음이면 내 글쓰기 실력은 봉우리를 터뜨리려나.

소녀상과 국가

길을 걷다 울고 있는 소녀를 본 사람이라면 대부분 가던 길을 멈추고 돌아보게 될 것이다. 하물며 국가가 지켜주지 못해 꽃다운 나이에 전쟁터에 끌려다니며 온몸을 유린당한 소녀들이라면 어떨까? 정부는 이런 소녀들을 단돈 10억 엔에 다시 팔아버렸다.

학창 시절에 배운 것을 떠올려보자. '국가의 1차적 기능은 국민의 생존권과 관련된 것으로 개인의 자유와 안전을 보장하는 것이며, 2차적 기능은 국민의 생활과 관련된 것으로 경제 · 사회 · 문화의 각 분야에서 공공의 복지를 향상하는 것이다.' '국가의 역할은 국민이 인간다운 삶을 누릴 수 있도록 국민의 안전을 지키고 국민을 보호하는 것이다.' 이것이 우리가 학교에서 배운 국가의 기능과 역할이다.

청소년이 어려움을 겪거나 위험에 처해있을 때 이들을 보호해주는 곳이 가정과 학교이듯, 국민이 권익을 보호받을 수 있도록 지켜주는 곳이 바로 국가이다. 요즘 우리나라 정부가 주권을 가지고 국민의 안녕을 지켜주는 국가인지 회의감이 든다.

지난해 12월 28일이었다. 우리 대한민국의 땅에서 어처구니없는 일이 일어났다. 일본군 위안부의 아픔을 잊지 말자고 세운 평화소녀상이 우리 행정기관에 의해서 강제로 철거되었다. 평화의 소녀상 추진위원회가 부산의 일본 영사관 앞에 소녀상을 세웠다. 하지만 부산 동구청과 대한민국의 경찰이 이를 강제로 철거했다. 일제의 만행을 잊지 말자고 세운 기념비에 힘을 보태기는커녕 행정기관과 경찰이 앞장서 강제철거를 한 것은 과연 누구를 위한 것인가. 이들은 어느 나라에 속한 기관인가.

박근혜 정부는 2015년 12월 28일 일본 아베 신조 총리와 한 · 일 일본군 위안부 문제를 협상, 타결하여 최종적으로 종결을 약속했다. 국민이 이해할 수 없는 대단히 성급하고 어리석은 결정이었다. 일본측은 사과문에서 아베 신조 총리 본인이 직접 사죄와 반성을 공개적으로 표명하는 것을 거부했다. 더불어 위안부 동원의 강제성 문제와 구체적으로 어떤 행위가 문제였으며 피해의 내용이 무엇인지도 명시하지 않았다. 이것은 바로 일본 정부가 범죄의 주체로서 진심으로 사죄하는 태도가 아니다. 또한, 반인륜적 범죄 사실을 온전하게 인정하는 자세가 아니다.

이를 지켜본 위안부 피해자 할머니들은 "일본 정부가 위안부를 만든 책임을 공식 사죄하고 법적 배상을 해야 한다."라고 강하게 주장했다. 이번 협상은 피해 당사자인 위안부 할머니들의 의견을 전혀 반영하지 않았다. 뿐만 아니라 합의안에 대한 최소한의 동의도 없었다는 점에서 최종 해결과는 거리가 한참 멀다.

더구나 한국 정부는 이번 합의에서 주한 일본대사관 앞에 세운 소녀상을 이전할 듯한 내용을 넣었다. 일본의 강경 조처에 빌미를 제공한 셈이다. 이러한 처사에 우리 국민은 충격과 분노를 쏟아내고 있다. 윤병세 외교부 장관은 "일본 정부가 주한 일본 대사관 앞의 소녀상에 대해 공관의 안녕 · 위엄의 유지라는 관점에서 우려하고 있는 점을 인지하고, 한국 정부로서도 가능한 대응 방향에 대해 관련 단체와 협의 등을 통해 적절히 해결되도록 노력한다."라고 밝혔다. 참혹한 피해자가 외려 가해자를 배려한 어처구니없는 자세였다.

합의 직후 일본 측은 평화의 소녀상 이전을 기정사실로 하는 발언을 거듭했다. 기시다 외무상은 "적절히 이전하는 것으로 인식하고 있다."라고 했다. 일본 정부 대변인인 스가 관방장관은 "합의에 따라, 한국 측에서 적절하게 해결하도록 노력하리라 생각한다."라고 말했다.

부산의 일본 영사관 앞 소녀상 설치에 대한 항의로 일본 정부는 주한 대사와 부산 총영사를 본국으로 불러들였다. 이어 한 · 일 통화 스와프 협상과 고위급 경제 협의도 중단시키는 초강수를 두었다. 일본 정부는 한국 때리기로 지난 연말 추락했던 아베 신조 내각의 지지율 상승효과를 보았다. 한국의 차기 정부에 12.28 합의 재협상에 관한 여지를 없애려고 미리 쐐기를 박은 속셈이다. 일본 정부의 이러한 조치는 반성과 사죄라는 상식을 뒤집는 적반하장에 불과하다. 우리 집 마당에 나무를 심는데 이웃집 눈치를 보고 간섭을 받아야 하는 꼴이 말이나 되는가.

지금 우리나라는 대통령을 둘러싼 몇몇 측근의 국정농단으로 온통 떠들썩하다. 이를 바로잡기 위해 국민이 직접 거리로 나섰다. 엄동설한을 무릅쓰고 촛불을 쥔 채 광장에 나서는 이유를 아직도 모르는 사람이 있단 말인가. 민심은 물과 같다. 물은 배를 띄우기도 하고, 배를 뒤집기도 한다. 헛된 망상에 휩싸여 국민은 뒷전이고 썩은 지푸라기라도 잡아보려 허우적거리는 사람에게 따끔한 회초리를 들고 싶은 마음이다. 일본에 비위 맞추고 충성하려는 자들은 지금이라도 일본으로 가라.

늦게나마 소녀들의 아픔을 잊지 않기 위해 내 고장 익산에도 소녀상 건립을 추진한다고 하니 그나마 다행스럽고 반갑다.

꽃봉오리

어김없이 알람이 울린다. 새벽 다섯 시. 잠시라도 꾸물거리면 거미줄에 걸린 나방처럼 이부자리에서 빠져나올 수 없다. 창밖은 어둠이 가시고 저 멀리 푸르스름한 공제선이 윤곽을 드러낸다. 서둘러 채비를 갖추고 자전거를 끌고 나선다. 간밤 질척대는 열대야로 잠을 설쳤지만 숲속에 자리 잡은 아파트 단지 새벽공기는 싱그럽다. 바람을 가르며 들이켜는 공기가 폐 허리춤까지 스며든다. 한 귀퉁이에 숨어있던 잠기운이 달아나고 손가락부터 발가락 끝까지 짜릿함이 전해진다.

지난달, 외곽으로 이사하여 누리는 호사가 이만저만 아니다. 새벽마다 운동 삼아 자전거를 끌고 한적한 도로를 질주한다. 일찍 일어나서 건강한 몸으로 운동할 수 있으니 얼마나 고마운 일인가. 입에서 나오는 말 한마디에도 정성을 담는다. 돌아보면 세상은 온통 감사함으로 가득하다. 나를 깨워 대자연의 품으로 안아주는 천지님 은혜, 나를 낳아 건강하게 길러주신 부모님 은혜, 더불어 살아가도록 이끌어 주는 동포님 은혜, 세상의 안녕과 질서를 유지하여 평안히 살게 하는 법률님 은혜를 생각하며 하루를 맞이할 수 있어 행복하다.

바람에 온몸을 맡기고 길을 재촉하다 보면 어느새 적당히 달아오른다. 멀찌감치에 목적지로 삼은 천호산 고갯길이 나를 굽어보고 있다. 물 한 모금 축이고 한 귀퉁이를 돌면 실처럼 뻗은 고개가 손짓한다. 마음을 비우고 한 발 한 발 페달을 밟는다. 도로 가운데서 비둘기 한 쌍이 부리를 쪼아가며 대담하게 사랑을 나눈다. 갑작스러운 훼방꾼 등장에 시치미를 떼고 천연덕스럽게 길을 내어 준다.

고개를 몇 번 감아 오르자 드디어 저만치서 터널이 환하게 나를 반긴다. 몸은 이미 온통 땀으로 젖는다. 마치 얼음이 가득 담긴 컵에 물방울이 맺히는 것처럼 온몸에서 땀이 흐른다. 터널에 들어서자마자 숨을 깊게 토해낸다. 순간, 터널은 청아한 소리로 받아 내 귓전으로 돌려준다. 여기까지 오느라 진땀 흘린 나를 반기는 환호성쯤으로 들린다.

누구나 가슴 한구석에 짓무른 상처 하나쯤은 품고 살게 마련이다. 아픔을 감추지 않고 밖으로 꺼내 함께 나누면 상처가 고슬고슬하게 마른다. 중학생으로 홀로 감당하기 힘든 성장통을 앓는 학생이 있다. 아귀가 맞지 않는 톱니바퀴처럼 여기저기에서 삐걱거린다. 그러다가 결국 뾰족하게 솟은 송곳으로 서로를 찌르는 힘든 날을 보낸다.

이따금 담임 선생님과 상담 선생님의 부탁으로 교장실에서 앓는 학생과 이야기를 나눈다. 처음에는 단단하게 쌓은 둑을 허물 수 없었다. 온기를 담아 엉킨 실타래를 한 가닥씩 풀어갔다. 그 순간만큼은 그가 안고 있는 짐을 대신 지고 싶은 마음이었다. 교장실을 나서며 좁은 어깨를 펴고 희미하게나마 미소를 짓는 모습을 보며 생각했다. 그렇다. 삶은 동굴이 아니라 터널이란다. 지금 비록 발등조차 보이지 않는 암흑이지만 머지않아 출구가 보일 것이니 부디 날개를 접지 않도록 기도하마.

터널을 나서자 가려있던 햇살에 눈이 부시다. 빛을 머금은 한여름의 초목이 더욱 푸르다. 아침 운동을 나설 때마다 드는 생각이다. 하루 스물네 시간은 공평하게 주어진다. 가진 이, 가지지 못한 이, 건강한 이, 병상에 누워 있는 이 누구에게나. 문제는 시간을 어떻게 쓰느냐이다. 내 삶에도 간간이 게으름이 기웃댄다. 이런 순간을 경계하며 정현종 시인의 시를 떠 올린다. 시인은 모든 순간을 꽃봉오리라고 노래했다.

"나는 가끔 후회한다/ 그때 그 일이/ 노다지였을지도 모르는데……/ 그때 그 사람이/ 그때 그 물건이/ 노다지였을지도 모르는데……/ 더 열심히 파고들고/ 더 열심히 말을 걸고/ 더 열심히 귀 기울이고/ 더 열심히 사랑할 걸……// (중략) / 모든 순간이 다아/ 꽃봉오리인 것을,/ 내 열심에 따라 피어날/ 꽃봉오리인 것을! "

삶이란 내가 가꾸기 나름이다. 우두커니처럼 꽃이 피기를 기다리지 말자. 물주고 김매면서 꽃을 피우는 사람이 되고 싶다. 오늘따라 더 열심히 흘린 땀방울이 내 마음에 기쁨으로 다가온다. 오늘따라 더 열심히 사랑한 시간이 내 마음을 따뜻하게 한다. 오르고 또 올라 저만치서 종이비행기처럼 날고 있는 새들을 바라본다. 고통은 사라지고 달콤한 행복이 밀려온다. 이렇게 건강한 몸으로 새벽 공기를 마실 수 있으니 어찌 감사하지 않겠는가. 새벽 운동을 즐기면서 좋은 글감을 장만할 수 있으니 기쁘지 않겠는가. 바로 이 순간이 꽃봉오리인 것을. 후회 없이 이 순간을 열심히 사랑하자. 내가 놓친 꽃봉오리를 바라보며 후회하지 않으려면.

신문 예찬

지금이야 검은 비닐봉지에 그 자리를 넘겼지만, 신문은 제 몸 구기어 비린내 나는 생선 몸뚱이를 감쌌다. 온통 얼굴에 비린내를 분칠하며 기꺼이 제 몫을 감당했다. 그래도 결코 투덜대거나 인상을 붉히지 않았다. 허름한 시골집에서는 흙먼지를 막아주는 벽지가 되기도 했다. 이른 새벽 가족의 밥을 짓기 위해 장작불을 지필 때 요긴한 불쏘시개가 되었다. 들판에 나가서 식사 시간이 되면 바닥에 깔려 근사한 밥상이 되기도 했다. 하루가 지나 집안 구석에 수북이 쌓인 신문은 거의 대우를 받지 못한다. 한쪽에서 누렇게 변할 때까지 눈칫밥을 먹기도 한다. 그러다가 허리가 기역으로 굽은 노인의 손수레에 실릴 때 생의 이별을 예감한다. 일제 강점기에 곡필아세曲筆阿世하는 이들이 조국을 배신하고 민족을 구렁텅이에 몰아넣는 도구로 신문의 지면을 이용하기도 했다.

행사장에서 인사말을 하거나 학생들에게 이야기를 전할 경우가 있다. 시간이 다 되어서야 머릿속에 전달하려는 이야기의 대들보가 선다. 간혹 서까래로 쓸 재료가 충분하지 않은 경우가 있다. 이럴 때 매일 배달하는 여러 신문을 꼼꼼하게 뒤적인다. 낯부끄러운지도 모르는 여의도 몽니 꾼들의 아무 말 대잔치는 건성으로 넘긴다. 끝에서 두어 면을 차지한 작가나 고정 논객이 쓴 글이 구미를 당긴다. 이런 글을 읽는 재미가 쏠쏠하다. 읽다가 이 안에서 숨겨진 보물을 건져 올린다.

출근하면 밤새 바람을 타고 날아와서 가지런히 무릎을 포개고 있는 신문이 나를 반긴다. 꼼꼼히 살피다가 한두 가지 키워드를 발견한다. 이때 사냥감을 낚는 포수처럼 눈동자가 커진다. 밑줄을 긋고 연필을 찾아 옮겨 적는다. 때로는 잘 오려서 습작 노트에 꽂아두기도 한다. 두고두고 되새김하기에 좋은 것이다. 이것을 눈에 힘을 주고 서너 차례 읽고 나면 마치 고구마 줄기를 잡은 것 같다. 당기면 실한 알맹이가 얼굴을 내밀 듯 쭈글쭈글 텅 빈 머릿속에 새로운 글감이 춤추기 시작한다. 신문을 애독하는 가장 커다란 이유가 이것이다.

연수에 참석하느라 여러 날 교장실을 비울 때도 있다. 그때마다 지난 신문을 버리지 말고 책상에 포개어 놓도록 당부한 지가 언제부터였는지 모르겠다. 다녀와서라도 훑어보고 좋은 글감을 찾기 위함이다. 더러는 종이신문의 비효율성을 따지고 생명이 얼마 남지 않았다고 말하기도 한다. 이는 손가락에 침을 묻혀가며 신문을 넘길 때 펄럭

이는 소리의 맛을 알지 못하는 사람이 하는 말이다. 그 안에서 진주조개를 캐지 못한 사람이 하는 이야기다.

2012년부터 우리 학교는 학생을 대상으로 하는 인성교육 특별 프로그램을 진행하고 있다. 이름하여 귀공자 인성 노트 작성이다. 매일 아침 7~8분 동안 교내 방송에 따라 전날을 돌아보면서, 말과 행동에 대해 스스로 칭찬하고 반성하면서 노트에 기록하는 것이다. 학생에게 더 유익한 인성교육을 위한 방안이 없을까에 대해 여러 선생님과 의견을 나누고 함께 고민한 결과, 매주 수요일마다 선생님이 직접 방송을 통해 학업이나 삶에 도움이 되는 이야기를 들려주기로 했다.

지난주 담당 선생님에게서 연락이 왔다. 어느덧 내 차례가 된 모양이다. 이미 하고 싶은 이야기의 뼈대는 세웠으나 보충할 부산물이 필요했다. 여느 때처럼 신문을 펴고 지면 여행을 즐기는데 칼럼 끝부분이 내 눈길을 잡았다. 토끼와 거북이 경주에 관한 이야기였다. 이 우화를 잘 숙성시켜 전달하면 좋겠다는 생각이 들었다. 서너 차례 글 허리에 줄을 긋고 차례를 바꾸어 가며 이야기 줄거리를 장만했다.

"반갑습니다. 오늘은 귀공자 여러분과 함께 고정관념 탈피에 대하여 생각해 보겠습니다. 우리는 토끼와 거북이 경주에 대한 우화를 잘 알고 있습니다. 아는 것처럼 육지에서 경주하면 토끼가 이기는 것은 당연합니다. 물론 그럴 수는 없지만, 만약 이들이 바다에서 경주한다면 누가 승자가 될까요? 우리가 어느 한쪽으로 방향을 잡고 생각을 이어가는 것을 고정관념이라고 합니다. 이러면 대부분 뻔한 결론이 나올 수밖에 없지요. 이제 고정관념에서 벗어나 생각해 보고 사물을 다양한 각도에서 살펴봅시다. 이러다 보면 결론도 180° 달라질 수 있습니다.

사랑하는 귀공자 여러분! 성적으로 모두가 1등이 될 수는 없습니다. 하지만 자신의 장점을 파악하고 개성을 살려서 진로를 정한다면 누구나 자신의 분야에서 최고가 될 수 있습니다. 성적으로 1등보다는 나만의 향기를 내는 1등 원광중학교 귀공자가 되었으면 좋겠습니다. 귀공자 여러분을 사랑합니다." 이렇게 방송을 마쳤다.

애초에 전하려던 내용과는 사뭇 달라졌지만, 미처 생각하지 못했던 것을 정리하고 나니 기분이 새로웠다. 신문은 비록 하루살이 짧은 목숨이지만 활자에 눈을 맞추고 귀 기울이면 멋진 생각이 고이는 옹달샘이다. 그래서 달고 시원하게 목을 축일 수 있다. 이것이 바로 신문이 나에게 주는 커다란 매력이다.

용화산을 딛고

나흘간 출장을 마치고 집에서 새벽을 맞이했다. 모처럼 달게 잤다. 주말이 더 바쁜 딸아이는 동이 트기도 전, 서울 가는 고속버스에 몸을 실었다. 군대 장기복무를 희망해 중대장을 맡고 있는 아들이 휴가를 맞이했다. 눈 뜨자마자 아내가 성화를 댔다. 아들에게 몇 시에 해가 뜨는지 물었다. 오랜만에 휴가온 아들과 함께 뒷산에 오르고 싶은 것이다. 이왕이면 정상에서 일출을 보자고 보챘다. 아내의 기분을 맞추기 위해 덩달아 서둘렀다.

아침 해가 떠오르기를 기다리는 걸까. 서쪽 하늘에는 꽉 찬 보름달이 아직 잠자리에 들기 전이다. 눈이 내리지는 않았지만 이른 시간이라 산을 찾는 이가 없다. 깊숙이 들이마시는 공기가 시리면서 상쾌

했다. 이런 기분을 색깔로 칠하라면 온통 초록색으로 도배해도 될 성싶다. 어렴풋이 비치는 호젓한 길을 셋이 걸었다. 군복을 입은 아들은 두어 달에 한 번씩 집에 내려온다. 서로 어깨를 나란히 하고 걷는 시간이 소중하다. 단단한 차돌도 마주치면 불꽃이 인다. 항상 곁에 있으면 부자간에도 풍랑에 휩쓸리는 파도처럼 서로 부딪칠 수 있다. 적당하게 궁금할 때쯤 함께 할 수 있어 그 순간이 더 값지다.

우리가 산에 간다는 것은 등뼈를 밟고 오르는 것이다. 등뼈를 내준 산은 아픔을 드러내지 않는다. 대신 아무 말 없이 우리를 감싼다. '당신은 왜 산에 갑니까?'라는 질문에 산악인 조지 말로니는 '산이 그곳에 있으니 오른다.'라는 말을 남겼다. 교과서 같은 답 외에 산에 오르는 이유는 다양하다. 누군가는 건강을 지키기 위해, 졸지에 직장을 잃은 이는 가족 몰래 남는 시간을 때우기 위해, 또 다른 이는 삶의 고단함을 떨치고 생각에 잠기고 싶어서.

다양함 속에서도 한 가지 공통점은 있다. 중력을 두 다리로 지탱하며 견뎌야 한다는 점이다. 고통을 통해 자신의 존재를 찾는 것이다. 산에 오르는 사람의 모습은 각양각색이다. 라디오나 음악을 친구삼아 흥얼거리는 사람, 고개를 푹 파묻고 묵언하는 수행자인 양 발끝만 바라보고 걷는 사람, 커다란 배낭을 지고 땀을 뻘뻘 흘리며 길을 재촉하는 사람, 소풍 나온 듯 동행하는 이와 끊임없이 재잘대며 느긋하게 여유를 부리는 사람. 이들은 힘들어도 포기하지 말고 이겨내자고 걸음을 옮긴다. 마침내 정상에 오르려면 예의를 갖추듯 공손하게 허리를 숙여야 한다. 정상은 이런 사람에게 기꺼이 품을 내어준다.

등산이란 단지 산에 오르는 것만을 의미하지 않는다. 애써 오른 다음 정상에 서는 것과 내려오는 것을 모두 포함한다. 이 가운데 가장 짧은 시간은 언제인가. 바로 꼭대기에 서는 순간이다. 산에 대해 경외심을 갖듯 정상에 서 있는 동안 관리를 잘해야 한다. 정상에 있을 때 함부로 행동했다가 입방아에 오르는 경우가 한둘이 아니다.

예로부터 어진 사람은 의리에 만족하며 몸가짐이 진중하고 심덕이 두터워, 심경이 산과 비슷하므로 자연히 산을 좋아한다고 했다. 등산길에서 만난 이들은 모두 의리로 뭉친 사람이다. 처음 보는 사이라도 꽤 오랫동안 알고 지낸 이웃을 만난 듯 반갑게 인사를 나눈다. 내려오는 사람에게 건네는 인사는 그의 성실함과 부지런함에 대한 공경심이 담겨 있다. 올라오는 사람에게 전하는 인사는 그에게 포기하지 말고 인내심을 발휘하라며 격려하는 마음을 담고 있다. 산에서 내려올 때는 누구나 하얀 거짓말쟁이가 된다. 정상을 향해 구슬땀을 흘리는 사람에게 이제 다 왔다고, 5분만 더 가면 된다고 힘을 돋아 준다. 물론 그 말을 곧이곧대로 믿는 사람은 없다. 다만, 서로 정을 건네는 촉촉한 온기가 담긴 말이라는 것쯤은 누구나 다 알고 있다. 등산은 올라갈 때보다 내려올 때 더욱 마음을 쏟아야 한다. 낙엽 사이에 책받침처럼 물기가 집을 짓고 산다. 짓밟히고 부서진 잎이라고 하찮게 여겨 발을 디뎠다가는 커다란 낭패를 당하기에 십상이다.

요사이 글쓰기에 부쩍 관심을 기울이고 있다. 보는 것 하나가 예사롭지 않다. 미물이라도 꼼꼼하게 살피는 버릇이 생겼다. 참 늙어 보이는 나무 한 그루나 밟히는 나뭇잎 하나도 쉽게 넘기지 않는다. 이런 하찮은 것에서도 글감을 찾으려고 골몰하다 보면 예상하지 못했던 소재가 떠오르기도 한다. 입안에서 맴돌다 막상 연필을 잡으면 머리카락조차 보이지 않는 경우도 더러 있다. '써야 한다'라는 생각보다 '쓰고 싶다'라는 마음이 앞서니 그나마 다행이다.

정상에 다다를 무렵 동쪽 하늘 끝이 종기가 솟아오르듯 벌겋게 부풀어 올랐다. 아내의 얼굴도 덩달아 달아올랐다. 참 오랜만에 산등성이에서 아침을 맞이했다. 내려오는 길에 아랫마을 게으른 암탉 홰치는 소리가 어둠을 밀어내고 있었다. 오늘 이른 새벽부터 아내와 아들을 앞세우고 행복한 시간을 보냈다. 아내 말 듣기 참 잘했다.

토착왜구

지난달, 아베 일본 정부가 한국을 수출 규제 대상 국가로 정하며 기어이 화이트 리스트(자국의 안전보장에 위협이 되는 첨단기술이나 전자부품 등을 다른 국가에 수출할 때 허가신청을 면제하는 국가)에서 제외했다. 경제 전쟁을 선포한 것이다. 이에 맞서 문재인 정부는 국제 공조가 어려운 국가에 대해 수출 관리를 강화하는 것이라며 일본을 WTO에 제소하고 우리도 마찬가지로 일본을 화이트 리스트에서 배제했다. 이후 일본의 경제 보복에 대하여 대한민국 국민은 일본제품 불매운동을 벌이고 있다. 물결은 점점 더 거세어져 성난 파도가 될 조짐이다. 이때 일본 기업 임원이 "한국의 불매운동은 절대 오래가지 않을 것"이라는 망언을 했다. 우리나라 상당수 몰지각한 정치인과 자칭 사회 지도층 인사들이 삐뚤어진 시각으로 일본의 처지를 대변하고 있다.

언제부터인지 우리 입에 '토착왜구'라는 말이 오르내리고 있다. '토착'이란 사전적 의미는 '대를 이어 그 땅에서 살고 있음. 또는 그곳에 들어와 자리를 잡고 삶', '생물이 어떤 곳에 침입하여 거기에서 자리를 잡고 삶'이다. 1970년대 식량 증산 목적으로 국내에 들여온 이스라엘 잉어가 향어라는 이름표를 달고 토착어종으로 둔갑하여 사는 것이 대표적이다.

위키백과는 '토착왜구'라는 표현이 처음 언론에 등장한 것을 1908년으로 보고 있다. 1910년 대한매일신보는 '토왜천지(土倭天地)'라는 글을 실어, 토왜를 '얼굴은 한국인이나 창자는 왜놈인 도깨비 같은 자, 나라를 좀먹고 백성을 병들게 하는 인종'으로 규정하고 몇 가지로 분류했다. 첫째, 뜬구름 같은 영화를 얻고자 일본과 이런저런 조약을 체결하고 그 틈에서 몰래 사익을 얻는 자, 일본의 앞잡이 노릇을 하는 고위 관료층이다. 둘째, 암암리에 흉계를 숨기고 터무니없는 말로 일본을 위해 선동하는 자로 일본의 침략 행위와 내정 간섭을 지지한 정치인과 언론인이다. 셋째, 일본군에 의지하여 각 지방에 나타나 남의 재산을 빼앗고 부녀자를 겁탈하는 자로 친일단체 일진회 회원이다. 넷째, 저들의 왜구 짓에 대해 원망하는 기색을 드러내면 온갖 거짓말을 날조하여 사람들의 마음에 독을 퍼뜨리는 자이다. 사학자 전우용은 "토왜를 현대식으로 풀어 쓴 말이 토착왜구"라고 주장했다.

지난달, 후배가 질문을 건넸다. 토착왜구가 무슨 말인지 아느냐고. 나는 이 땅에 살면서 터무니없이 친일행위를 하는 사람이라고 답했다. 이 대답 또한 지극히 사전에나 나올 법한 말이었다. 후배의 말이 이어졌다. 일본이 조선을 강제로 점령한 후 일본 정부는 조선에 거주할 자국민을 모집했다. 대부분 자기 나라에서 헐벗고 굶주린 사람이 조선에 가서 팔자를 바꿔보리라 생각하고 이주를 신청했다. 조선총독부는 이들에게 비옥한 조선 땅을 거저 배급했다. 이들은 총독부를 등에 업고 식민 지배 백성을 강압으로 착취하여 막대한 부를 축적했다. 보잘것없었던 이들에게 조선은 황금을 캐는 기회의 땅이었으리라. 일본이 대대손손 조선을 점령하리라 여겼음은 물론이다.

1941년, 일본은 하와이 진주만을 기습 공격했다. 이것이 태평양전쟁으로 번졌고 미국에게 제2차 세계 대전에 참전할 빌미를 제공했다. 히로시마에 이은 나가사키에 원자폭탄을 투하하여 1945년 8월 15일, 일본은 무조건 항복을 선언했다. 대한민국은 기나긴 일제 식민지 시대를 마감하고 광복을 맞이했다. 조선이 독립하면서 이 땅에 거주했던 일본인 대부분은 자국으로 돌아가야 했다. 하지만 조선에서 막대한 토지를 소유하고 부를 챙긴 일본인 가운데 일부는 본국으로 돌아가면 기댈 곳이 없는 사람이었다. 끝내 이들은 본국으로 돌아가기를 거부했다.

소유 재산을 몰수당하지 않을 방법을 궁리한 끝에 한가지 계책을 떠올렸다. 그들이 부리던 조선사람 머슴에게 후한 재산을 물려줄 것을 약속하고 자신의 딸과 혼인시키는 것이었다. 이 사실을 숨기기 위해 재산을 처분해 살던 곳에서 먼 객지로 이주했다. 해방 후 혼란기를 틈타 그곳에서 호적을 정리해 조선인으로 둔갑했다. 이들은 지금도 일본이나 구 일본 제국을 숭배하고 찬양하는 친일행위를 한다. 일본 우익의 주장을 옹호, 대변하며 당시 일본 제국의 식민 지배를 정당하다고 주장한다. 더하여 일본의 앞잡이 노릇을 하면서 그 시절을 그리워하며 부귀영화를 누리고 있다.

제헌국회가 '반민족 행위자 처벌법'을 제정함에 따라, 1949년 1월 8일에 일제강점기 일본 제국에 적극적으로 협조하여 악질적으로 반민족적 행위를 한 자를 조사하기 위한 '반민족행위특별조사위원회(반미 특위)'를 발족했다. 하지만 미군정의 방해와 이승만의 집권욕이 이를 무력화 했다. 결국 친일분자가 다시 권력을 잡고 세력을 얻게 되었다. 오늘날 그 당시 처단하지 못한 친일파의 자손을 명확하게 가려낼 수단이 없어 안타깝다.

난 역사학자가 아니어서 이를 학문적으로 입증할 만한 지식을 갖추지는 못했다. 이 글을 읽으면서 거품을 물거나 여전히 일본을 옹호한다면 자신과 조상이 토착왜구임을 스스로 고백하는 것이라 믿겠다. 참, 요사이에는 토착왜구를 구분하는 것이 그리 어렵지만은 않다. 핍박의 설움을 당해보지 않고 핍박받는 약자인 양 릴레이 삭발 쇼를 벌이는 이들, 세 치 혀를 놀려 온갖 망언과 막말로 민심에 비수를 꽂는 정치인과 교수들, 이 자들이 비정상적인 행태를 하도록 바람막이 우산을 펼쳐주는 정당 등을 뭐라고 불러야 하는가? 그래서 하는 말인데 이들을 '토착왜구'라고 하면 안 될까?

청탁

지난여름, 그동안 쓴 글을 추려 문예사에 원고를 보냈다. 운이 좋았는지 신인상에 당선되었다. 어제저녁 밥상머리에서 메시지를 받았다. 문예지 봄 호에 담을 수필을 한 편 보내 달라는 원고청탁이었다.

"작가님, 에세이문예 봄 호에 실을 작품을 청탁합니다. 작가님의 문학적 역량을 높게 평가하기에 작가님의 작품으로 본 문예지를 빛내고자 합니다. 옥고를 보내주시면 감사하겠습니다. 본지에 수록하는 작품은 본격문학심의위원회의 심의를 거칩니다." 읽어 내려가는데 문학적 역량이나 작가라는 말이 입에 잘 달라붙지 않았다. 하지만 모서리 없이 꽉 찬 달을 보는 것처럼 기분 좋은 청탁이었다.

청탁이라는 단어가 묘한 어감으로 다가왔다. 청탁이라는 말을 찾아보았다. '청하여 들어주기를 부탁함. 부탁을 부드럽게 표현하는 말'이라고 씌어있다. 하지만 부탁보다 청탁이라는 말은 왠지 정당하지 못한 일을 억지로 떠맡기는 부정적인 어감으로 다가온다. 공직자 등의 비리를 규제하기 위해 2016년에 시행된 '부정 청탁 및 금품 등 수수의 금지에 관한 법률'의 영향 때문이기도 하다. 정당하지 않은 부탁을 금지해서 투명한 세상을 만들자는 이 법의 공식적인 약칭은 '청탁금지법'이다. 청탁금지법은 강화된 반부패법으로 직무 대가성을 따지지 않고 공직자에게 금품수수를 금지하고 있다.

원고청탁에 대한 일화가 있다. 5년 전, 지역 주간신문사 대표에게 전화를 받았다. 두 달에 한 번씩 칼럼을 써 줄 수 있겠느냐는 부탁이었다. 청탁이 아닌 순전히 전화 한 통으로 이루어진 부탁으로 글쓰기를 시작했다. 원고료는 없고 시간 나면 막걸리 한 잔으로 대신하겠다고 했다. 글 배우는 초보자라 원고료는 기대하지도 않았다. 그의 부탁으로 지금까지 정기적으로 칼럼을 쓰고 있다.

이따금 초창기에 썼던 글을 꺼내 볼 때가 있다. 허공에 걸린 거미줄처럼 빈 구멍투성이다. 참 민망하고 씁쓸했다. 물론 지금도 날이 무디지만 내가 쓴 글의 빈구석이 눈에 보이니 그나마 다행이다. 어떤 때는 신문에 난 글 잘 읽었다고 낯모르는 독자가 교장실로 직접 전화를 하기도 했다. 이런 격려에 우쭐해지고 그것은 글쓰기에 많은 힘이 되었다. 아직 막걸리를 얻어먹은 적은 없지만, 신문에 실을 글을 보내면서 소중한 글 배움을 장만했다. 거꾸로 이제 내가 막걸리를 대접해야 할 판이다. 지금 생각해도 그의 부탁을 들어주기 잘했다.

따뜻한 봄날이었던 것 같다. 교직에 들어선 지 갓 두어 달 지났을 때였으니까. 한 학생의 아버지가 학교에 찾아왔다. 아들이 중학생이 되었으니 여러 가지 궁금한 부분이 많았던 것 같다. 한참 이야기를 나누었는데 자리를 뜰 생각을 안 했다. 마침 출장 갈 일이 있어 내가 먼저 일어섰다. 그때 아버지가 눈치를 살피다 엉거주춤 흰 봉투를 내밀었다. 정작 당황한 것은 나였다. 교무실 한쪽에서 옥신각신하다 뿌리치고 출장을 떠났다.

며칠이 지나자 이상한 말이 들렸다. 내가 봉투를 받지 않았으니 많이 서운하고 야속했던 모양이었다. 젊은 사람이 버릇없이 자신의 성의를 무시했다고 말하고 다닌다고 했다. 오해를 풀어주어야겠다는 생각에 전화해서 얼굴을 마주했다. 마침 저녁 시간이 되었다. 그 자리에서 밥 한 끼 하자는 말까지 차마 흘려버릴 수는 없었다. 근처 식당에서 소주잔을 기울이며 서서히 엉킨 마음을 풀었다. 그때 청탁하는 봉투를 뿌리치지 않았으면 내 가슴 한구석에 두고두고 민망함이 자리 잡았을 것이다.

사는 곳이 작은 지역이다 보니 이런저런 인연이 넝쿨처럼 엉켜있다. 교직 초창기에는 종종 아들을 둔 부모가 자리 한번 마련해 달라고 부탁했다. 요즘은 제자의 아들이나 지인의 손자가 학교에 잘 적응하고 있는지 격려해 달라는 이야기를 듣는다. 세월이 많이 흘렀고 세상이 가을 해 산 넘어가듯 빠르게 변했다. 누구나 자식이 잘되기를 바라는 것은 당연하다. 하지만 자식을 사랑하는 마음보다 부모의 욕망이 앞서서는 안 된다. 남이야 어떻게 되든 내 아이만 잘 자라게 해달라고 하는 것은 그릇된 욕심이다. 이런 마음으로 내 아이를 쓰다듬어 달라고 부탁하는 것은 청탁이다.

학교는 학생이 잘 자랄 환경과 분위기를 만들어 주는 곳이다. 간혹 뿌리를 깊이 내리지 못하고 몸살을 앓는 학생이 있다. 이럴 때 선생님이 등을 다독여주면 큰 힘이 된다. 학생에게 용기와 자신감을 불어넣는 격려와 칭찬은 선생님의 역할 가운데 첫 번째이다. 내 아들딸을 앞세워 달라는 청탁이 아닌 흔들리는 자녀의 마음 구석구석을 살펴달라는 부탁을 잘 들어주어야 한다. 따뜻한 봄볕이 너른 마당을 고루 비추듯 그늘이 없는지 살피는 세심함이 필요하다.

원고를 마감하기까지 출판사에서 한 달의 말미를 주었다. 어제 적당한 글감을 골랐다. 어차피 청탁을 들어주려면 기한을 맞추는 센스는 기본이다. 자기 앞에 더 큰 밥상을 놓아달라는 청탁이 아닌 서로의 기분에 윤기를 더하는 부탁을 많이 하면 좋겠다.

5부

철인의 특권

철인의 특권

온 힘을 다해 달리고 나면 얼음이 담긴 유리컵에서 물방울이 흐르듯 모자챙을 타고 땀방울이 발등을 적신다. 고통과 고독을 이겨낸 이슬 같은 결정체를 바라본다. 거친 숨을 몰아쉬는 그 순간, 세상은 내 것이 된다. 달아오른 용광로에 몸을 담가 잡철을 떨어내야 순금이 되는 것처럼 나를 철저하게 단련한 보상이다.

오랜만에 만나는 사람은 나에게 이렇게 인사를 건넨다.

"아직도 철인 운동을 하십니까?"

이런 이야기를 들을 때마다 그들에게 각인된 나의 이미지를 떠올린다. 철인 운동에 빠진 지 어느덧 스무 해가 다 되어간다. 무릎을 다친 후 사고 후유증을 이겨내기 위해 어떻게 해야 할까 고민했다. 수영으로 재활 치료를 하면서 막연히 철인3종 운동을 떠올렸다. 아무런 지식도 없었기 때문에 셀 수 없이 머릿속으로 집을 지었다 부수곤 했다. 간절했기에 이루어진 것일까. 그렇게 두어 달이 지나 주변 동호인과 마음이 닿았다. 함께 땀 흘리며 멀리 갈 수 있는 발판을 마련했다.

철인 경기의 매력을 꼽으라면 대회에서 완주하는 성취감을 빼놓을 수 없다. 이 기쁨을 맛보기 위해서는 무수한 시간을 땀방울로 채워야 한다. 세 종목 훈련을 소화하기 위해서 꼭두새벽에 집을 나와 늦은 시간까지 사방을 헤집고 다닌다. 이따금 나태해진 삶에 풀무질해야 한다. 힘들지만 이 과정에서 성취감과 행복감을 주는 도파민 분비가 촉진된다. 도파민의 영향으로 사고가 긍정적으로 변하고 만족감을 얻을 수 있다. 일반인보다 운동하는 사람들에게서 더 많은 미소를 볼 수 있는 이유가 바로 그것이다.

흡연하는 사람은 대부분 원인을 스트레스 탓으로 돌린다. 스트레스를 받지 않고 살아갈 방법은 없다. 매일 땀을 흠뻑 쏟으며 그 안에 고민을 녹여 날려 보라. 담배를 끊지 못하는 변명이 궁색해질 것이다. 간혹 금연에 성공하지 못하고 철인 운동을 하는 사람이 있다. 적어도 그는 흡연하는 핑계를 스트레스 때문이라고 둘러대지는 않는다. 그에게 흡연은 그저 거두지 못하는 습관일 뿐이다.

철인 3종 경기는 긴 시간 동안 자신과 벌이는 싸움이다. 응원 외에는 누구도 선수에게 직접 도움을 줄 수 없다. 등에 날개를 달아줄 수 없다. 더더욱 결승 라인을 당겨줄 수도 없다. 오로지 자신의 신체를 이용해 파도처럼 밀려오는 고통에 맞서야 한다. 이 순간을 견디고 몸과 마음을 통제할 능력을 지닌 사람만이 비로소 철인으로 거듭

날 수 있다.

대회 하루 전, 대회장에서 등록을 마치고 자전거와 헬멧에 이상이 없는지 검사를 한다. 준비 물품을 받아서 등록번호를 붙이는 순간 가슴속에서는 이미 대회를 시작한거나 다름없다. 당일 새벽, 대회장에는 흥겨운 음악 사이로 팽팽한 긴장감이 흐른다. 장내 아나운서의 안내와 분주하게 사전 운동을 하는 선수들이 내뿜는 열기가 대회장을 달군다. 가벼운 흥분이 전신을 짜릿하게 적신다.

검은 슈트를 입고 떼 지어 바다를 가르는 선수들이 일으키는 물보라를 보았는가. 양식장에서 먹이를 향해 뒤엉켜 달려드는 매끈한 숭어 떼를 연상하면 된다. 때론 거친 파도와 조류에 밀려 의도치 않게 물을 먹기도 한다. 앞사람의 발차기와 옆 사람의 팔꿈치에 맞아 수경이 벗겨지기도 한다.

무리 지어 은륜 레이스를 펼치는 자전거 행렬은 가히 장관이다. 살아 움직이는 그림이다. 페달을 밟을 때마다 꿈틀대는 종아리 근육을 보라. 새카맣게 그을린 살갗과 울퉁불퉁한 근육이 그가 흘린 땀방울의 무게를 말해준다. 이를 악물고 입에서 단내가 날 때까지 오르막길을 올라야 한다. 그것으로 그치는 것이 아니다. 정상에 오른 다음 내리막에는 눈앞을 휙휙 스치는 속도 때문에 항상 대형 사고의 위험이 도사리고 있다. 이런 위험을 극복해야 하므로 동호인들의 유대감은 남다르다.

어렵게 두 종목을 마치고 나면 이제 마라톤이 기다리고 있다. 수영과 사이클에서 찍지 않은 발자국을 남겨야 한다. 남은 에너지 한 방울이라도 보태야 한다. 마른 수건 쥐어짜듯 몸과 마음을 비틀어야 한다. 마지막 남은 종목이라고 스스로 위안 삼으며 묵직해진 허벅지를 이끌고 한 걸음씩 옮긴다. 고통을 잊으려고 무사 완주를 위해 기도하고 있을 가족에게 바람 편에 부칠 절절한 편지를 쓴다. 지나온 날을 돌이켜보고 살아갈 날에 대한 이정표를 세운다. 이런 성찰의 시간을 딛고 나면 한층 성숙해진 나를 만날 수 있다. 인고의 시간을 넘어 결승점에 들어서는 순간, 드디어 세상의 주인공이 된다. 어차피 사는 것, 활활 태우며 붉고 뜨겁게 살자. 희미하고 미지근한 삶을 마다하는 사람이 되자고 다짐한다.

수영, 사이클, 마라톤 가운데 한 가지만 하는 것도 힘이 든다. 이것을 쉬지 않고 이어서 해야 하는 것이 철인3종의 매력이다. 너무 힘들어서 포기하고 싶은 순간도 있다. 끝까지 해내고야 말겠다는 강렬한 정신무장이 무엇보다 필요하다. 한편 수영, 사이클, 마라톤을 잘한다고 모두 철인이 되는 것은 아니다. 철인은 끊임없이 한계에 도전하고 그것을 극복하는 사람이다. 체력부터 외로운 레이스를 견디는 정신력까지 갖춘 사람만이 누릴 수 있는 것, 그것이 바로 철인이 누리는 특권이다.

꿈의 무대에 오르다

– 2006. 08. 27. 제주 International IRON Man 대회 –

드디어 꿈의 무대에 오른다. 그동안 제주 철인대회에 참가할 수 있기를 손꼽아 기다렸다. 2002년 말, 마라톤을 처음 시작하여 이듬해 봄에 풀코스를 달렸다. 그때도 이번처럼 설레지는 않았다. 마라톤을 시작하고 2년이 지나서 철인 클럽에 가입했다. 올림픽코스(수영 1.5km, 사이클 40km, 마라톤 10km)와 O2코스(올림픽코스 2배) 대회를 여러 차례 완주했다. 하지만 마음 한구석에는 항상 'IRON MAN King Course'(수영 3.8km, 사이클 180.2km, 마라톤 42.195km) 완주에 대한 꿈으로 가득했다. 아이언 맨 킹코스란 철인3종 대회에서 가장 긴 거리(226.195km)를 헤엄치고 달리는 것이다.

올봄, 가평 O2 대회에 다녀온 후 클럽 회원들이 제주대회에 함께 가자고 재촉하는 바람에 마음이 들떴다. 영 자신이 없어 갈피를 잡지 못했다. 차일피일 하다가 마지막 날 접수를 하면서 참가비를 냈다. 망설일 때 참가비를 내고 나면 각오가 새롭다. 막상 꿈꿔왔던 기회를 잡고 보니 잘 해낼 수 있을까 걱정이 앞섰다. 한편, 마음이 홀가분하고 마치 대회를 완주한 것처럼 미소가 떠나질 않았다.

이제 남은 건 강도 높은 훈련 뿐. 산악자전거를 이용해 오르막 도로 훈련을 했다. 쉬는 날에는 실전을 방불케 하는 자전거와 마라톤 장거리 훈련을 해야 했다. 세 종목 중 가장 취약한 수영에 더 공을 들여야 했지만, 가평 철인대회에서 입은 정강이 부상 때문에 물에 들어갈 수 없는 것이 찜찜했다.

이번 대회는 참가비만 무려 35만 원이었다. 왕복 항공료와 숙식비를 합하면 100만 원을 훌쩍 넘는 거금이다. 제주 출발을 며칠 앞두고 준비물을 챙기는데 벌써 가슴이 더워졌다. 첫 장거리 대회 출전이라 이틀 전에 제주로 향했다. 서귀포에서 늦은 점심을 마치고 배로 온 일행과 합류해 등록장소인 서귀포에 도착했다. 물품 가방을 받고 나니 드디어 대회가 다가왔음을 실감했다. 만찬이 열리는 제주 국제 컨벤션 센터로 갔다. 외국선수도 많았고 지금까지 다녔던 대회와 규모 자체가 달랐다.

다음 날 새벽에 수영적응도 할 겸 중문 해수욕장으로 이동했다. 여기서 내일 새벽에 대회를 시작한다. 날씨가 화창했다. 파도도 없고 투명한 서귀포 바다에 오랫동안 몸을 담갔다. 오후에는 차량을 이용해 사이클 코스를 둘러보았다. 가장 힘든 코스라고 들었던 돈내코 언덕으로 갔다. 차량으로 이동해서 그런지 평소 훈련하던 고개보다 어렵지는 않을 것 같았다. 문제는 자전거로 100km 정도를 달리고 난 뒤 넘어야 하는 오르막이었다. 이 언덕을 넘어서도 연속해서 이어지는 고개가 그리 만만해 보이지 않았다. 코스 분석을 마치고 마지막으로 물품 가방을 점검했다.

킹코스 대회는 당일에 본인이 먹을 점심과 저녁 식사를 직접 챙겨야 한다. 준비물을 챙기는데 빠뜨린 것은 없는지, 포기하지 않고 무사히 잘 할 수 있을지 온갖 생각이 머릿속을 떠나지 않았다. 마치 전쟁터에 나가는 비장하고 심란한 병사 같았다. 새벽 일찍 일어나려고 초저녁부터 잠을 청했다. 여기저기서 뒤척이는 소리가 들렸다. 그 이유를 모를 리 없다. 나 역시 마찬가지다. 그냥 눈을 감고 시간을 보냈다. 깜빡 잠들었나 했는데 휴대전화 알람이 울렸다. 새벽 3시 30분이었다. 눈곱도 떼지 않고 숙소 바닥에 상을 차렸다. 대회 시작 세 시간 전에 식사를 마쳐야 좋은 몸 상태를 유지한다.

창밖에는 강풍이 불고 소나기가 사납게 내렸다. 어제는 날씨가 워낙 좋았다. 이럴 때 일기예보는 너무 정확해서 탈이다. 어둠속에 소나기를 뚫고 중문 대회장으로 향했다. 수영 코스인 해수욕장에 거센 바람을 등에 진 파도가 허리를 세우고 계속 밀려왔다. 어제와는 사뭇 딴판이었다. 그럴수록 백사장을 가득 메운 철인의 결의는 다부졌다. 굵은 빗방울과 송곳니를 드러 낸 파도에 맞서 물속으로 뛰어드는 선수들, 준비운동을 하며 각오를 다지는 사람으로 북적였다. 이들을 취재하는 방송국 기자들이 카메라를 들이대며 축제 분위기를 한껏 돋우었다. 장대비는 그칠 기미를 보이지 않았다. 설상가상, 시간이 지나면서 천둥과 번개까지 합세했다.

성난 파도가 안전요원의 보트를 위협하더니 끝내 물속으로 내동댕이쳤다. 수영 출발 시각인 7시가 다 되어 갔다. 그때까지 아무런 지시가 없는 게 낌새가 심상치 않았다. 2년 전에도 태풍 때문에 수영을 취소했다는데 이번에도 그럴까. 여기저기서 웅성거렸다. 결국, 대회본부에서 안전을 이유로 수영 취소를 선언했다. 일부 열성 참가자는 강행을 주장했다. 인명사고를 우려해서 1시간을 늦춘 8시에 사이클을 출발시킨다는 안내방송이 흘러나왔다. 이런 악조건에서 3.8km 수영을 마치기는 쉽지 않다. 하지만 틈틈이 닦은 수영 실력을 점검하고 싶었는데 아쉬웠다. 사이클 출발 시각이 가까워지자 바람이 잦아들고 바다도 잔잔해졌다. 변덕이 심한 제주도 날씨를 종잡을 수 없었다.

드디어 8시가 되었다. 사이클 행렬이 등록번호 순서대로 180.2km의 대장정을 향해 중문을 빠져나갔다. 1,000명 이상이 한꺼번에 꿈틀대는 자전거 행렬은 바라보는 것만으로도 가슴을 뛰게 한다. 이때, 기분에 휩싸여 자칫 속도에 욕심을 부리다간 후반에 대회를 망칠 게 뻔하다. 분위기에 휩싸이지 말자고 다짐했다. 180km 장거리 주행은 오늘이 처음이었다. 앞 선수를 따라 페달을 밟는데 갑자기 소나기가 쏟아졌다. 비가 내리면 시원하기는 하지만 노면이 미끄럽다. 앞 선수의 뒷바퀴에서 튀어 오르는 물방울이 시야를 가린다. 그래서 특히 조심해야 한다.

해안도로에서 바라보는 망망한 바다가 긴장을 덜어주었다. 앞에서 휠체어 사이클을 탄 선수가 양팔로 열심히 페달을 돌리고 있다. 과연 인간의 한계는 어디까지일까. 장애를 극복하고 한계에 도전하는 그가 위대해 보였다. 그와 함께 나도 무사히 완주하길 빌었다. 50km쯤 달렸을까. 갑자기 뒷바퀴 변속기가 이상했다. 변속할 때마다 한 칸씩 옮겨가야 하는데 서너 칸씩 움직였다. 자전거에 이상이 생기면 도중에 경기를 포기해야 한다. 조마조마했지만 내려서 확인해볼 엄두를 내지 못했다. 변속기를 고정하고 90km 지점에 있는 보급소까지 달렸다. 살펴보니 손잡이에 감았던 테이프가 떨어지면서 그 속에 걸려 있었다. 다행히 자전거에는 문제가 없었다.

안도의 숨을 내쉬며 자원봉사자가 건네주는 점심을 받아들었다. 벌써 식사를 마치고 나가는 선수를 보니 덩달아 마음이 급했다. 밥이 코로 들어가는 것처럼 한 끼를 해결했다. 이번 코스 중 가장 가파른 돈내코 언덕이 코앞에 버티고 있었다. 이어서 낙타봉 등 크고 작은 봉우리들을 통과해야 했다. 고개를 오르기 전부터 오른쪽 허리에 통증이 왔다. 아직 견딜 수는 있지만 더 아프면 큰일이다. 간절한 마음으로 준비해 간 진통제 한 알을 털어 넣었다.

대회를 준비할 때나 대회에 나가면 달리는 길이 외롭다. 이때마다 소홀했던 일, 주변과 가족 생각 등 여러 가지를 떠올린다. 매끄럽게 살자고 다짐한다. 마침내 어려움을 이기고 골인 지점에 도착하여 얻는 달콤함은 다른 것과 비교할 수 없다. 선물로 따라오는 자신감이 삶을 지탱하는 활력소가 된다. 운동하면서 이런 시간을 가질 수 있는 것이 커다란 축복이다.

궂은 날씨에도 아랑곳하지 않고 열심히 응원해준 자원봉사자 덕분에 이번 자전거 종목에 힘을 낼 수 있었다. 이따금 퍼붓는 소나기와 방심하지 말라고 자전거를 휘청거리게 하는 강풍 그리고 시야를 가리는 안개로 애를 먹었지만, 점점 골인 지점에 가까워진다는 희망으로 열심히 페달을 밟았다. 사이클을 마치고 탈의실로 들어서니 앞서 도착한 회원은 이미 마라톤 복장을 갖추었다.

이제 마라톤 풀코스만 남겨 두었다. 십여 차례 마라톤 풀코스 완주 경험이 있다. 하지만 이번에는 상황이 달랐다. 7시간 동안 자전거를 타고 난 뒤라 완주할 수 있을까 걱정이 앞섰다. 마라톤은 본부석인 서귀포 월드컵 경기장 앞 편도 7km를 3회 왕복해야 한다. 두 바퀴는 힘을 아꼈다가 마지막에 모든 힘을 쏟기로 했다. 반환점을 돌아오던 후배가 페이스 조절 잘하라고 응원했다. 한 바퀴를 돌고 본부석 부근을 지날 때는 한여름 해가 중천에 있었다. 마지막까지 이런 컨디션을 유지한다면 해가 지기 전 경기를 마칠 수 있겠다는 야무진 생각도 했다. 웬걸, 두 바퀴를 돌면서 체력이 바닥을 보였다. 상당수 선수도 앞에서 걷고 있었다. 그들을 바라보며 같이 걷고 싶은 마음이 굴뚝 같았다. 마지막 한 바퀴를 남겼다. 본부석 앞을 지나는데 골인하는 선수를 격려하는 장내 아나운서의 들뜬 목소리가 채찍으로 다가왔다. 주저 앉으려는 마음을 다그쳤다. 그래, 끝까지 달려야 한다.

이번 대회에는 특별히 준비해 간 것이 있다. 그것을 들고 골인 지점을 향해 달려가는 모습을 상상하자 힘이 솟았다. 한참을 달리는데 이번에는 지난해 수술을 마친 왼쪽 무릎과 발목이 시큰거렸다. 드디어 올 것이 왔다. 눈앞이 캄캄했다. 차라리 이것이 마취제였으면 좋겠다고 생각하면서 남은 진통제를 털어 넣었다. 통증 부위에는 소염제를 쏟아부었다. 통증은 쉬 사라지지 않았다. 잠깐 걷다 보니 어느새 의지가 나약함에 밀렸다. 독하게 마음먹고 얼마나 달렸을까. 어렴풋이 서귀포 월드컵 경기장이 시야에 들어왔다. 어느새 해는 꼴깍 넘어갔다. 자원봉사자와 응원 온 사람의 박수를 받으며 결승점 입구까지 왔다. 힘을 다해 길게 깔린 레드카펫에 발을 들여놓았다. 앞뒤를 보니 다행히 내가 준비한 특별 이벤트를 방해할 주자가 없었다.

피니시 라인에 한발 한발 다가갔다. 그때 내 번호표를 본 장내 아나운서의 힘찬 소리가 귓전을 울렸다. “Nine Nine Five. From Korea. Song Tae kyu” 개선문처럼 환하게 불을 밝힌, 약 50m에 이르는 결승점까지 마치 꿈을 꾸고 구름 위를 나는 것 같은 기분으로 달렸다. 그 순간 허리춤에 꽂아 둔 펼침막을 꺼냈다. “아버님 어머님 사랑합니다”, “당신과 호선, 하늘이 사랑해”, “도약하는 원광고등학교”라고 쓴 펼침막을 머리 위로 번쩍 들어 올렸다. 양편에 늘어선 관중들이 함성과 박수로 환호했다. 드디어 결승점에 들어왔다. 난생처음 철인3종 킹코스를 완주했다. 가슴 저 밑바닥에서 천둥이 울리고 폭포수가 쏟아졌다. 결승점에 우뚝 서서 펼침막을 힘차게 흔들며 미소 짓는 그 순간, 세상 모든 것이 내 것이었다. 마침내 꿈의 무대에 오른 내가 개선장군이었다.

끝나지 않은 길

- 2007.03.25. 전주 울트라 마라톤 100Km -

1박 2일, 아니 무박 2일이 맞다. 2007년 3월 24일 저녁부터 다음 날 오전까지 내 마음속에 있는 '불가능'이라는 벽을 허물기 위해 꼬박 밤을 새웠다. 그 길고 질긴 여정을 담았다.

2002년 마라톤 클럽에 가입한 지 4년째 되던 해였다. 회원 3명이 서울에서 열린 울트라 마라톤 100km를 완주했다. 마라톤 풀코스를 넘어 50km 이상을 달리는 것을 울트라 마라톤이라 한다. 완주를 축하하는 자리에서 그들이 전하는 무용담을 들었다. 코앞에서 듣고 있으면서도 보통 사람이 열다섯 시간 안에 100km를 달린다는 것은 불가능한 일이라고 생각했다. 아예 도전할 엄두도 내지 못하고 그저 풀코스만 제대로 달렸으면 좋겠다고 생각했다.

두어 차례 마라톤 풀코스를 완주하고 나서 철인3종 클럽에 가입했다. 최종 목표는 철인 3종의 꽃이라고 하는 킹코스 완주였다. 지난 여름 제주에서 그 꿈을 이루었다. 일단 목표를 달성한 셈이다. 그 후 한 후배가 말했다. 우리도 올 3월 전주에서 여는 100km 울트라 마라톤에 도전해보자고. 처음에는 완주할 자신이 없었지만 새로운 목표가 생겼다. 나를 포함해 회원 3명이 참가하자고 의기투합했다. 문제는 날씨였다. 하고 싶은 일은 방법이 보이고 하기 싫은 일은 핑계만 보인다고 했던가. 겨울철 날씨가 고르지 못해 체계적인 훈련을 못했다. 마음만 급한 채 무심한 시간은 흐르고 어느덧 대회가 6주 앞으로 다가왔다.

마침 진행 본부에서 사전 적응 훈련을 한다는 연락이 왔다. 실전과 똑같은 대회 예행 연습인 셈이다. 연습이지만 코스 답사 겸 체력을 점검해 보는 좋은 경험이 될 것 같았다. 지금까지 42km 이상을 달려본 적이 없어 속도 조절이 문제였다. 일단 이번에는 체크 포인트인 60km 지점까지만 달릴 수 있다면 성공이라 생각했다. 장거리 대회는 처음부터 속도를 내면 안된다. 이 정도면 얼마든지 달릴 수 있을 것 같은 자신감이 생겼다. 적어도 30km 지점까지는 그랬다. 거기를 넘어서자 훈련 부족을 나무라듯 양쪽 허벅지 통증으로 걸음조차 내디딜 수 없었다.

하는 수 없이 후배 차를 얻어 타고 나머지 코스를 돌아보았다. 지칠 줄 모르고 달리는 참가자를 바라보며 별의별 생각을 다 했다. 이 체력으로 한 달 보름 후 이 길을 다시 달릴 수 있을까, 도중에 포기하면 뭐라고 변명할까. 한편에서는 무슨 수를 쓰더라도 끝까지 완주해야 한다는 투지가 생겼다. 하지만 세상일이 어디 투지와 끈기만 가지고 이루어지나. 오로지 연습밖에 없다. 여러 가지 운동을 했지만, 마라톤만큼 정직한 운동은 없다. 누구도 나를 도와줄 수 없다. 오로지 혼자 이겨내야 하는 고독한 싸움이다.

야금야금 대회 날짜가 다가오자 운동량을 늘려야 했다. 출퇴근 시간도 아껴야 했다. 새벽과 늦은 밤에 집에서 사무실까지 편도 10km 코스를 매일 뛰어서 출퇴근했다. 어김없이 날짜는 다가왔고 두려움 반 기대 반으로 대회장으로 향했다. 6주 전에 포기했던 씁쓸한 기억이 되살아났다. 제한 시간에서 1분을 남긴 14시간 59분 후에는 반드시 여기에 서 있자고 다짐했다.

3월 말, 저녁 7시가 되자 묽었던 어둠이 점차 진해졌다. 배웅나온 회원과 기념 촬영을 마치고 대열을 따라 이동했다. 참가자 400여 명이 어둠 속에서 앞뒤에 이름 적힌 번호표를 붙이고 야광 불빛을 밝히며 달렸다. 갑자기 도심에 반딧불이가 나타난 듯했다. 낮에 비가 내려 제법 쌀쌀했지만 달리기에는 오히려 좋았다. 몸 상태가 괜찮은데 언제까지 이 상태를 유지할지 신경이 쓰였다. 기록이나 순위는 중요하지 않았다. 오로지 제한 시간 내 완주하는 것이 최대 목표였다. 마침 한 무리가 뒤에서 구령을 붙이며 오고 있었다. 함께 달리면 의지가 되어 힘이 덜 든다. 그 틈에 끼면 큰 무리 없이 완주할 것 같아서 기를 쓰고 속도를 맞추었다.

다행히 지난 연습 때 포기했던 지점을 수월하게 지났다. 약 40km 지점에 응원 나온 클럽 회원이 철인의 기운을 듬뿍 넣어 주었다. 한

밤중에 여기까지 와서 완주를 빌어주는 여러 회원에게 보답하는 길은 단 하나다. 아무리 힘들더라도 끝까지 버텨야 한다. 어느덧 자정을 넘기고 대아리 호수에 이르자 안개가 대숲처럼 촘촘했다. 선수들이 뿜는 뜨거운 입김이 거기에 더해졌다. 산간지역에 들어서자 오르막과 내리막이 숨바꼭질하는 것 같았다. 경사가 더욱 심해졌다. 체력을 비축하기 위해 오르막은 걷는 대신 내리막과 평지는 달려야 했다.

저쪽에 뿌옇게 전등을 밝힌 체크 포인트가 보였다. 그곳은 선수가 코스를 제대로 통과하는지 번호를 확인하고 잠깐 쉬면서 허기를 면하는 곳이다. 물먹은 솜처럼 무거운 내 몸뚱이를 받아줄 오아시스인 셈이다. 일단 저기만 가면 음식을 보충하고 휴식을 취할 수 있다. 60km까지는 성공한 것이다. 희망이 무거운 다리를 이끌었다. 모퉁이 하나가 그렇게 멀게 느껴지기는 처음이었다. 뻣뻣하게 굳어오는 다리가 천근만근이었다.

따뜻한 떡국으로 허기를 해결하고 나니 아무 생각도 없었다. 그저 누워서 이대로 잠들었으면 하는 마음만 간절했다. 간식을 잽싸게 해치우고 다시 길 떠날 채비를 하는 참가자가 보였다. 발걸음 떼기가 고통스러웠지만, 마음을 추스르며 땀에 젖은 속옷을 갈아입고 그들을 따랐다.

시간은 흘러 어느덧 새벽 2시. 응원단도 모두 떠나버리고 홀로 남았다. 가랑비와 안개에 휩싸인 인적 끊긴 산속 길은 적막하기 그지없다. 모자챙에 꽂은 한줄기 불빛에 의지해 걸음을 옮기고 있다. 언제부터인지 다리가 아픈 것도, 체력이 얼마나 남았는지도 느낄 수 없었다.

그저 기계적으로 팔을 내두르고 걸음을 딛지만, 오히려 머릿속은 맑아졌다. 이런 운동이 주는 매력은 무엇일까. 고통을 넘어 무아지경에서 나를 바라볼 시간을 가질 수 있는 것이다. 지금까지 살아온 날들, 다가올 시간은 어떻게 살아야 할까?

물음표를 찍는 사이 앞산 위로 희미하게 동이 터 올랐다. 밤을 꼬박 새우고 새벽을 맞이하는 것이 얼마 만인가. 달리던 걸음을 멈추고 해를 바라보았다. 가슴이 뭉클했다. 새 세상에 온 기분이었다. 어느덧 90km를 달렸다. 돌이켜 보니 아득한 거리다. 이제 남은 10km에 젖먹던 힘까지 쏟아야 한다. 가야 할 길을 머릿속에 그리며 시간을 계산해보았다. 이대로만 달린다면 애초 예상했던 시간보다 약 1시간 정도는 단축할 수 있을 것 같았다. 그렇지만 욕심은 금물이다.

한 시간 전에 간이 보급소를 지났다. 거기서는 호박죽을 내놓았다. 달리면서 배가 고프면 온몸에 힘이 빠지고 어쩔 도리가 없다. 평소엔 입에 대지도 않던 호박죽을 두 그릇이나 먹었다. 시계를 보니 어느덧 8시가 되었다. 갑자기 배가 고팠다. 이 시간에 허기를 면할 방법이 없었다. 오늘 아내와 아이들이 마중 나오기로 했다. 어깨에 매단 전화기를 꺼냈다. 다행히 아내가 출발 전이었다.

"여보, 나 배고파 죽겠어. 올 때, 라면 좀 끓여와"

"어떻게 라면을 끓여가요?"

"국물은 보온병에 넣고 면은 따로 담아서 전주역 부근에서 만나자고. 배고파 죽겠어. 빨리 와."

중간에 초콜릿을 보급해주었는데 아까워서 삼키지 못하고 입속에

빙빙 굴리기만 했다. 전주역 부근에 이르자 응원군이 기다리고 있었다. 체면도 거추장스러웠다. 길가에 주저앉아 라면을 밀어 넣었다. 안쓰럽게 바라보는 아내의 얼굴과 지나가는 선수들의 부러움 섞인 표정이 영 딴판이었다. 꿀맛 같은 라면으로 배를 채우고 나서 땀에 젖은 옷을 벗어 던졌다. 아내가 준비해 온 반바지와 얇은 옷으로 갈아입고 마지막 골인 지점을 향했다. 5km 정도 남아있는 공설운동장까지는 아들이 함께 달렸다. 체력은 바닥났지만 응원하는 아내와 딸 그리고 곁에서 힘이 되어주는 아들 덕에 힘을 냈다.

250리의 대장정이 곧 마무리된다. 골인 지점이 가까워질수록 가슴속에서 뜨거움이 솟구쳤다. 온몸의 세포가 환희로 출렁였다. 출발하면서 다짐했던 것보다 1시간 정도 기록을 당겼지만, 그것은 중요하지 않았다. 이렇게 완주해 흐뭇했다. 아낌없는 박수를 보내주는 사랑스러운 가족이 곁에 있어 무엇보다도 행복했다. 처음 도전할 때 끝까지 완주할 수 있을까 장담하지 못했지만 결국 결승점은 나의 것이었다.

작년 아이언맨에 이어 이번에 울트라맨 코스까지 이루어냈다. 목표를 향하여 도전할 수 있다는 것에 감사하다. 도전에 성공하여 내가 살아 있다는 것을 느끼는 것이 더 큰 가치이다. 무지개를 만나기 위해서는 소나기를 견뎌야 한다. 나의 길은 아직 끝나지 않았다. 또 다른 무지개를 찾아 다시 한번 운동화 끈을 동여맸다.

작아져도 서럽지 않아

– 2012.09.23. 통영 국제 Triathlon 대회 –

그러니까 벌써 12년이 조금 더 지난 일이다. 2000년 3월쯤이었다. 제자들과 축구를 하다 공을 밟고 그대로 고꾸라졌다. 왼쪽 가슴이 저렸다. 타박상이려니 하고 대수롭지 않게 하룻밤을 보냈다. 하지만 새벽까지 통증이 가시지 않았다. 갈비뼈가 부러졌다는 진단을 받고 병원 신세를 졌다. 엎친 데 덮친 격으로 왼쪽 무릎이 아파 연골 제거 수술까지 했다. 며칠 동안 꼼짝할 수 없었다. 아파보니 알겠다. 병실 창밖으로 보이는 건강한 사람이 그렇게 부러울 수 없었다.

지난봄에도 운동하다 갑작스럽게 다쳤다. 입원할 정도는 아니었지만 서너 달 동안 운동을 할 수 없었다. 몸 관리를 잘한 끝에 다행히 상태가 좋아졌다. 어느 정도 몸이 만들어지자 8월 초부터 3주 간격으로 철인대회 3개를 참가했다. 아팠을 때를 생각하면, 맘껏 운동할 수 있어서 부러운 것이 없었다.

철인3종에 입문한 뒤 해마다 통영에서 열리는 트라이애슬론 올림픽 코스 대회에 참가했다. 이번에도 아들과 함께 대회에 나갔다. 아내와 딸은 우리를 응원하기 위해 동행했다. 마라톤을 시작한 뒤 이따금 아내와 아들딸 이렇게 넷이 나란히 마라톤 대회에 나가기도 한다. 가족이 같은 취미를 즐기면 좋을 것 같아 권유했다. 달리면서 서로 토닥여주는 행복은 특별한 것이다. 힘든 철인3종에 뛰어들었을 때도 다행히 아들이 내 동반자가 되었다. 아들과 함께 대회장에 가는 날은 평소와 마음가짐이 사뭇 다르다. 같은 목표를 향한 힘겨운 전투 속에서 서로 응원하다 보면 의지가 되고 부자 사이에 더 애틋한 정이 통한다.

올해는 KBS TV『남자의 자격』프로그램에 출연하는 연예인들이 통영 철인3종 대회에 참가한다는 뉴스를 들었다. 이 영향인지 대회 참가 인원이 사상 최고인 1,500여 명이라고 했다. 애초 수영 코스는 750m를 두 바퀴 도는 것이었다. 이번에는 혼잡을 줄이기 위해 1,500m 한 바퀴로 하고, 처음 출전하는 선수는 마지막에 출발하도록 규칙을 변경했다.

통영 섬을 한 바퀴 도는 사이클 코스가 가장 신경 쓰였다. 작년에 해안 도로를 달리다 보니 경사가 심했다. 이런 코스를 아들 호선이가 무사히 완주할 수 있을지 걱정했다. 세 종목 가운데 먼저 시작하는 수영은 연령대별 출발이기 때문에 호선이가 앞서 출발했다. 내 차례가 되자 물속에서도 머릿속은 온통 아들이 잘하고 있는지 이 생각뿐이었다. 수영을 마치고 나오니 저만치서 기다리고 있던 아내와 딸이 아들은 벌써 나왔다고 했다. 순간 걱정이 싹 가시며 기분이 좋아졌다. 바꿈터(수영 슈트를 벗고 자전거로 갈아타는 곳)에 호선이 자전거가 보이지 않았다. 벌써 출발한 모양이다. 내심 부지런히 달리면 내 시야에 잡히리라 생각하며 페달을 밟았다. 언덕을 오르락내리락하면서 아들의 뒷모습이 보이려나 하고 먼 곳에 눈길을 주었다. 이러면서도 아들이 눈에 띄지 않았으면 하는 내 마음을 보고 피식 웃음이 나왔다.

내 바람대로 마지막 종목인 마라톤 바꿈터에 도착할 때까지 아들이 보이지 않았다. 아비에게 잡히지 않으려고 열심히 달린 모양이다. 재빨리 운동화로 갈아 신고 마라톤 채비를 마쳤다. '제발 내 눈에 띄지 말아라.' 이런 기대를 하면서 내딛는 발걸음에 힘이 실렸다. 아내와 딸의 응원을 받고 든든한 아들과 함께 대회를 치른다는 것이 행복했다. 한참을 달리는데 이미 반환점을 돌아서 달려오는 아들이 보였다. 스치면서 손바닥을 마주쳤다. 반환점을 돌면서 둘 사이의 거리를 짐작해 보았다. 힘쓰면 잡을 수 있을 것 같았지만 아들은 결국 시야에서 완전히 벗어났다. 마라톤 코스를 얼마 남기지 않고 발걸음이 점점 무거워졌다. 아들 쫓아갈 욕심에 무리한 것이다. 앞 사람과 속도를 맞추려니 거친 호흡이 쇳소리로 변했다. 그 사람 발자국만 따라 뛰었다.

서서히 결승점이 가까워지면서 가슴이 먹먹했다. 갑자기 주체할 수 없는 뜨거운 눈물이 흘렀다. 이때 저만치서 벌써 완주 메달을 손에 쥔 아들이 뛰어나왔다. 곁에서 발걸음을 맞추며 피니시 라인을 향해 달렸다. "지난 대회에는 내가 끌어주면서 너를 기다렸는데 이제 네가 나를 맞이해주는구나." 마지막 순간, 둘이 마주 잡은 손을 번쩍 들고 결승선을 통과했다. 땀으로 범벅된 뜨거운 몸으로 서로 부둥켜안았다. 가슴에는 터질 듯한 희열이 부풀어 올랐다. 두 뺨에 주르르 눈물이 흘렀다. 내 안에서 한 소년이 울고 있었다. 그 소년에게 약속했다. 이 행복의 불씨를 꺼뜨리지 않으마. 힘들었던 완주의 기쁨보다 드디어 아들이 앞서서 나를 이끌어 주었다는 사실이 더 감격스러웠다. 자식이 크면 부모가 작아진다는데 이럴 땐 한없이 작아져도 서럽지 않겠다.

나의 한계를 묻다

- 2013.09.29. 구례 국제 철인 3종 킹코스 대회-

2008년 9월 7일, 태안에서 실시한 GREAT MAN King course(수영 3.8km, 사이클 180.2km, 마라톤 42.195km)를 완주했다. 그 후로 5년 동안은 힘든 킹코스 대신 해마다 올림픽 코스와 O2 코스(올림픽 코스 2배)에 서너 차례씩 출전했다. 올해만 해도 벌써 4월 군산 새만금 마라톤 풀코스, 6월 홍성 철인3종 O2 코스, 8월 초 새만금 철인3종 하프코스, 이어 2주 뒤 열린 부산 송도 철인3종 올림픽 코스까지 모두 완주하며 열심히 운동했다.

지난달, 헬스클럽에서 후배를 만났다. 그가 한 달 후에 열릴 구례 철인3종 킹코스에 도전한다며 함께 가자고 했다. 올해 참가한 대회를 떠올려보니 훈련을 조금만 더 보탠다면 완주할 수 있겠다는 생각이 들었다.

아들에게도 소위로 임관하기 전 마지막 대회라 생각하고 철인 하프코스에 도전하라고 부추겼다. 아들도 함께 참가하기로 했다. 신청을 마치고 나니 이제는 완주하기 위해 훈련하는 일만 남았다. 장거리 자전거 타기와 3km 이상 수영을 하면서 자신감을 키웠다. 대회장에 갈 때까지 상대적으로 달리기 연습이 부족했다.

5년 만의 킹코스 도전이었다. 대회 전날, 오전부터 스페셜 푸드와 보충 식품, 대회 물품, 옷가지 등을 꼼꼼히 챙겼다. 하필 대회 당일에 전국적으로 비 소식이 있어 준비물이 늘었다. 현장에서 등록을 마치고 경기 설명회장에 들어서니 철인들로 열기가 가득했다. 오랜만에 나서는 킹코스 대회라 부담이 만만치 않았다. 잠깐 눈을 붙였나 싶었는데 어느새 새벽 4시였다. 눈 뜨자마자 창밖부터 살폈다. 무심한 하늘은 주룩주룩 비를 퍼부었다.

갑자기 2006년 제주도 아이언 맨 대회가 떠올랐다. 처음으로 킹코스에 도전했다. 그때도 잔뜩 긴장했는데 결국 폭우와 거센 바람 때문에 수영을 거르고 사이클과 마라톤으로만 대회를 치렀다. 여러모로 아쉬움이 많았다.

불안함을 떨치고 대회장으로 향했다. 시간이 지나면서 빗발이 약해져 대회에 영향을 줄 정도는 아니었다. 아들과 함께 수영 워밍업을 마쳤다. 아들이 의젓하게 곁에 있으니 그 모습이 대견해 눈시울이 뜨거웠다. 다행히 빗물이 흘러 눈동자에서 나온 빗물을 씻어낼 수 있었다. 빗길에서는 자전거 속도를 높이면 미끄러워서 사고의 위험성이 많다. 나와 호선이, 그리고 참가한 선수 모두 안전하게 대회를 마칠 수 있도록 간절한 마음을 모아 영주靈呪를 수십 번 되뇌었다. "천지영기아심정天地靈氣我心定 만사여의아심통萬事如意我心通 천지여아동일체天地與我同一體 아여천지동심정我與天地同心正." 법신불 사은이시여, 지리산의 기운과 간절한 기도의 염원으로 모두 무사히 대회를 마치게 하여주시옵소서. 훈련할 때부터 대회를 치를 때까지 여러 차례 영주를 외우며 기도했다. 마음이 평안했다.

드디어 출발 신호가 울렸다. 구만제 저수지에서 수영 1.9km 두 바퀴를 시작으로 17시간 안에 226.195km를 완주해야 했다. 힘들겠지만 포기하지 않고 완주하리라는 다짐을 했다. 아득하게 보이는 부표를 향해 물살을 갈랐다. 다행히 수영하는 동안 먹구름이 해를 가려서 수월하게 3.8km를 마쳤다. 하프코스 차례를 기다리던 아들이 제법 마음을 졸였던 모양이었다. 물 밖으로 나오니 걱정과 반가움이 뒤섞인 표정으로 나를 맞이했다.

'난 참 행복하다. 이 자리에 내 피붙이 아들과 함께 있어서. 남들이 어렵다고 하는 철인3종 취미활동을 듬직한 아들과 함께 할 수 있다니.' 포옹을 하고 남들의 부러운 시선을 받으면서 바꿈터로 향했다. 어깨가 으쓱했다.

다음은 180.2km의 사이클 주행코스이다. 사이클 바꿈터에서 미리 준비한 햇반으로 허겁지겁 요기를 마쳤다. 얼마나 달렸을까. 잔뜩 흐리던 하늘이 기어이 한두 방울씩 빗방울을 뿌렸다. 하지만 이 정도면 덥지 않아 오히려 경기하기에는 더 좋겠다고 위안했다. 주말마다 사이클 장거리 훈련을 했기 때문에 어느 정도 자신 있었다. 총 네 바퀴를 왕복해야 하는데 두 바퀴쯤에 빗줄기가 거세지며 얼굴을 아프게 때렸다. 쓰고 있던 고글에 빗물이 튀어 오히려 시야를 방해했다. 안전이 최우선이다. 고글을 주머니에 꽂고 큰 소리로 기도하면서 눈씨를 건너편에 심었다. 스쳐오는 하프코스 선수들 속에서 아들을 찾기 위해서였다. 두 바퀴를 돌아올 무렵, 드디어 낯익은 유니폼과 자전거가 시야에 들어왔다. 아들이 다가오고 있었다. 또다시 눈물이 흐르며 목이 메었다.

"호선아! 힘내. 그리고 안전하게……."

스치는 찰나 길게 말을 할 수도 없어 그저 목이 터지게 짧은 한마디를 건넸다. 곁에서 달리는 선수에게 자랑했다. "방금 지나간 녀석이 제 자식이랍니다." 이구동성으로 부럽다며 아들 칭찬을 했다. 두어 차례 스칠 때마다 격려하다 보니 없던 힘이 솟았다. 세 바퀴를 마치고 맡겨둔 죽과 햇반으로 점심을 해결했다. 이런 대회에서는 오히려 배고픔을 느끼지도 못한다. 하지만 바닥난 에너지를 보충하기 위해서는 무엇이라도 억지로 먹어두어야 한다. 잠시 꿀 같은 휴식과 음식 섭취로 기운을 얻었지만, 몸은 이미 내 체력의 한계를 알고 있었다. 마지막 한 바퀴는 힘이 많이 부쳤다. 그나마 염려했던 타이어나 튜브 파손으로 대회를 포기하는 불상사 없이 자전거 코스를 마쳤다.

마라톤 풀코스가 기다리고 있다. 달리기 복장으로 주로에 나섰다. 하지만 양쪽 무릎 통증이 심하여 도무지 뛰어갈 엄두를 내지 못하겠다. 달리지 못하면 42km를 모조리 걸어야 한다. 자칫하면 제한 시간을 넘길 수도 있으니 난감했다. 스트레칭으로 아픈 무릎을 달래며 하천 둑을 따라 천천히 걸음을 옮겼다. 길은 대개 물길을 따라 생겨났다. 길은 태생이 물인 셈이다. 하천과 나란히 둑길이 이어졌다. 길이란 단단하게 다져지는 것이 생명이다. 이 길처럼 내 몸도, 내 각오도 더욱 단단해 지길 바랐다. 서서히 몸이 달구어졌다. 반환점을 세 바퀴나 돌아야 했다. 지금은 사방이 환하지만, 대회를 마칠 때는 깜깜한 밤이 될 것이다.

시간이 지나면서 앞서 달리는 선수들이 부러웠다. '언제 다 마치나. 그래, 지금부터 시작이다. 아무리 힘들어도 포기하지 않고 기어서라도 피니시 라인에 서야 한다. 거기에 먼저 대회를 마친 아들이, 집에서 달려왔을 아내와 막냇동생이 기다리고 있을 것이다. 가장이라는 존재감과 아들에게 아버지라는 책임감을 보여줘야 한다. 가족의 얼굴을 그리며 진땀을 닦았다. 9월의 하늘은 이미 어두워지고 띄엄띄엄 자원봉사자의 플래시 불빛만 내 길을 재촉했다. 가쁜 숨을 몰아쉬며 달리는 선수들의 뜨거운 기운이 전해왔다. 다리는 감각조차 없다. 오로지 기계적으로, 그 간격대로 걸음을 옮길 뿐이었다. 나 자신과 싸움이다. 언제까지 걷지 않고 천천히라도 계속 달릴 수 있을까. 운동할 때 내 머릿속에는 몇 개의 자가 산다. 달리다가 지치면 자를 꺼내 남은 거리를 몇 구간으로 나눈다. 저기까지는 뛰고 거기서부터 걷자는 계산을 한다. 그러다가 정작 목표 지점에 다다르면 억지로 달렸다. 그러면서 오래전부터 머릿속에 맴돌던 생각을 되뇌었다. 이 세상의 주인공은 나다. 그렇다면 내 주인은 누구인가? 정신일까 육신일까. 육신도 중요하지만, 육신을 움직이는 것은 정신이다. 극한 상황에서 힘들어도 걷지 않고 달릴 수 있도록 하는 것은 강인한 정신력 덕분이다.

문득 원불교 대종경 인도품 8장 법문이 떠올랐다. "대종사, 말이 수레를 끌고 가는 것을 보시고 한 제자에게 물으시기를, 저 수레가 가는 것이 말이 가는 것이냐, 수레가 가는 것이냐?" 지금 내 정신이 달리는 것인가, 육신이 달리는 것인가. 마치 고행에 나선 수행자가 된 듯했다. 힘들게 두 바퀴를 마치고 반환점에서 전복죽을 먹었다. 아니 마셨다는 표현이 더 적절했다. 그게 저녁 식사인 셈이었다. 기진맥진했지만 긴장감 때문인지 배고프다는 생각도 달아났다. 상상 이상의 힘을 쏟고 나면 식욕도 달아나 버린다. 죽을 마시고 의자에서 일어서는데 무릎 관절이 삐걱거렸다. 양쪽 다리를 교대로 땅속에 박았다 뽑는 기분이었다. 이제 마지막이다. 젖 먹던 힘까지 최선을 다해보자. 철인3종 대회에 행운이나 요행은 없다. 오로지 그동안 흘린 땀방울이 나를 위로하고 보상해 줄 뿐이다. 지금 나 혼자 달리는 게 아니라 아들과 함께 달린다고 생각하자 든든했다.

저만치에 운동장 불빛이 보였다. 피니시 라인을 얼마 남겨두고 자원봉사자의 전화기를 빌려 아들과 통화했다. 몸은 녹초가 되었지만 당당한 모습으로 운동장을 가로질러 226.195km를 무사히 완주했다. 새벽 7시에 시작해서 14시간 05분 만에 대회를 마무리했다.

나를 끊임없이 고통으로 몰아넣는 것은 나에 대한 도전이다. 위험을 무릅쓰고 14시간 이상을 달려야 하는 절대적인 이유는 없다. 다만 내가 선택한 한계는 어디까지인지 나에게 묻는 것이다. 이 해답을 찾기 위해 오늘도 물속에, 길바닥에 나를 던졌다. 아직도 분명한 답을 찾지 못했다. 이 깨달음을 얻기 위해 1년에 한 번씩은 킹코스에 도전하겠다는 각오를 다졌다.

오늘 무사히 완주 할 수 있도록 응원해 준 아내와 대회장까지 와 준 동생, 함께 대회에 참가해서 완주하고 내게 힘을 돋아준 아들에게 사랑한다는 마음을 전했다.

행복한 날 1순위

– 2017.09.23. 미사리 탠덤 고공강하 –

쉭쉭쉭……. 미사리 조정경기장 둑을 넘어 활공장으로 향하는 길이었다. 눈에 보이지는 않지만, 멀지 않은 곳에서 바람을 가로지르는 헬리콥터 프로펠러 소리가 들렸다. 순간, 이 소리가 내 꿈을 담아 둥실둥실 하늘로 날렸다. 대체 자신의 꿈을 이루고 산 사람들은 얼마나 될까. 아니 자신이 간절히 하고 싶었던 일을 시도해 본 사람은 몇 퍼센트나 될까. 여태 이런 통계를 본 적은 없다. 오죽하면 죽기 전에 꼭 해보고 싶다는 버킷리스트를 적어두기까지 할까.

대학 다닐 때 하고 싶은 일이 몇 가지 있었다. 그 가운데 하늘을 날고 바다에 들어가는 일을 우선순위에 두었다. 학교를 졸업하고 스쿠버 다이빙에 푹 빠져 지냈다. 내친김에 다이브 마스터 자격을 취득했다. 동호인을 모집해 모터보트를 사서 전국 바닷속을 다녔다. 나중에는 국내가 비좁다고 해외 원정 다이빙을 즐겼다. 이러다가 하늘을 나는 기회를 잡았다. 내가 지도했던 강습생 가운데 패러글라이딩 전문가가 끼어 있었다. 그에게 스쿠버 다이빙을 가르치면서 패러글라이딩을 배웠다. 마침내 활공장을 뛰어 허공으로 날았다. 첫 비행이라는 긴장감보다 설렘으로 부풀어 올랐다. 바람을 가득 담은 낙하산은 내 가슴만큼 팽팽하고 든든했다.

시간이 흐르면서 더 높은 곳에서 뛰어내리고 싶은 욕심이 자랐다. 혼자 고공낙하를 하는 것은 특별 강습을 받아야 한다. 부근에 그런 시설이 없었다. 궁여지책으로 전문가와 몸을 묶고 함께 뛰어내리는 탠덤 스카이다이빙이라도 해보고 싶었다. 기회는 우연히 찾아왔다. 공수부대에 근무하면서 마라톤을 즐기는 후배가 있다. 특전사답게 전문 스카이다이버였다. 그를 졸랐다. 미사리에서 체험이 가능했다. 그쪽과 선이 닿았지만 기상 상황 때문에 몇 차례 미루다 드디어 날을 잡았다.

새벽에 후배와 함께 미사리로 출발했다. 오늘따라 미세먼지 예보가 있었다. 고속도로를 달리는 내내 열은 미세먼지 때문인지 앞이 탁 트이지 않았다. 이런 날은 가시거리가 짧아 사고 위험성이 따르기 마련이다. 어렵게 잡은 기회인데 강하 계획을 취소할까 봐 걱정부터 앞섰다. 이동하면서 그쪽으로 연락해보니 장담할 수 없다는 답이 왔다. 여기서 물러날 수 없었다. 허탕을 치는 한이 있어도 현장까지 가자고 고집부렸다.

주차장에 도착할 때까지만 해도 특별히 긴장하지 않았다. 막상 가까이에서 프로펠러 소리를 들으니 가슴이 두근거렸다. 이륙장에서 헬기가 떠오르고 많은 사람이 분주하게 움직였다. 활공장에 도착해 나를 이끌어줄 교관과 인사를 나누고 곧바로 기본동작 연습을 했다. 그에게 몸을 맡기고 시키는 대로 몇 가지만 하면 되었다. 다만 긴장하지 않고 순서를 잊지 않는 것은 필수였다. 철인대회에 출전하면서도 그랬듯 모든 사고는 본인이 책임을 감수해야 한다는 강하 서약서에 서명하는 것도 아무렇지 않았다. 드디어 오늘 첫 고공 강하를 할 수 있다고 생각하니 묘한 기분이었다.

강하 순서를 적은 간이칠판 4번째 줄에 내 이름이 올라왔다. 앞서 비행하는 사람을 보면서 머릿속으로 열심히 이미지 트레이닝을 했다. 아침에 미세먼지와 안개가 섞여 걱정했는데 하늘에는 짙은 구름이 조각조각 널려있다. 어느 틈에 구름 속으로 헬기가 사라졌다. 헬기를 삼켜버린 하늘에서 프로펠러 소리만 아득하게 들렸다, 소리를 쫓아 두리번거리자 하늘 복판에 박힌 작은 점들이 서서히 낙하산으로 변했다. 머리 위에서 원을 그리는가 싶더니 마치 거대한 독수리가 내려앉듯 사뿐하게 착륙했다. 그 모습에 온통 마음을 빼앗겼다. 참 부러웠다.

갑자기 현장 책임자 둘이 심각한 표정으로 이야기를 나누었다. 구름이 짙어 비행이 어렵다고 했다. 일단 두 번째 비행을 중지하고 미리 점심 식사하면서 상황을 지켜보기로 했다. 애타게 기다리다 여기까지 왔는데 제발 하늘이 도와주기만 바랐다. 점심을 먹고 나니 어느 정도 구름이 걷혔다. 다시 비행을 시작했다. 앞 팀이 탑승하자 교관이 내 비행복과 장비를 챙겨주었다. 그렇게 바라던 강하를 할 차례다. 첫 강하를 기념하기 위해 사진을 남기고 헬기에 올랐다. 묵직한 프로펠러 소리와 함께 헬기가 원을 그리며 떠올랐다. 지상의 물체가 점점 작아질수록 팔목에 찬 고도계 숫자는 올라갔다. 어느덧 9,000피트에 다다랐다. 두근대는 내 마음도 모르고 창밖에는 백설기 같은 뭉게구름이 한가로웠다.

기장이 신호를 보냈다. 좁은 기내에서 선수들이 차분하고 절도 있게 움직였다. 문이 열리고 서로 하이파이브를 나누었다. 난간에 기댄 선수들이 다시는 못 볼 사람처럼 하나둘씩 허공으로 빨려 나갔다. 어김없이 내 차례가 왔다. 교관과 한 몸이 되어 출구로 움직였다.

2000년과 2004년에 어학연수단을 인솔하고 뉴질랜드에 간 적이 있다. 여행 일정에 타우포에서 번지 점프할 기회가 있었다. 발목을 묶고 난간으로 이동할 때까지는 아무렇지 않았다. 태연한 척 미소를 지었다. 점프대 끝에 발을 모으고 시퍼런 강물을 바라보았다. 차라리 먼 산을 보는게 나았다. 나를 바라보는 학생들 눈동자를 애써 피하면서 눈을 질끈 감았다. 강으로 곤두박질하다 순간 출렁, 그리고 허공으로 솟구쳤다. 그제야 사방이 보였다.

헬기 난간에 서서 힐끗 아래를 보니 한강이 아득했다. 고개를 쳐들라는 신호와 동시에 교관의 힘에 밀려 몸을 던졌다. 머리가 텅 비는 느낌과 아찔함이라니, 그야말로 눈 깜빡할 새였다. 손에 쥔 현수막을 펼치자마자 바람의 힘을 견디지 못하고 박음질 부분이 뜯어져 허공으로 날아갔다. 쐬아아……, 귓전을 가르는 바람 소리가 요란했다. 채 30초나 지났을까. 실개천을 따라 개미떼가 기어가고 있었다. 엄청난 속도 때문에 입속이 바짝 말랐다. 교관의 손목에 채워진 카메라를 보는 순간, 갑자기 정지하는 듯 덜컹하면서 무언가가 불쑥 몸을 잡아끌었다. 팽팽한 무게감과 동시에 몸이 허공으로 쑥 뽑혀 올라갔다. 지상 4,000피트까지 내려와 낙하산을 펼친 상황이다.

발아래에서 개미떼가 자동차가 되었고, 실개천이 한강으로 변했다. 어디서 나타났는지 저 아래 활공장에는 먼저 사라졌던 일행이 착륙하고 있었다. 교관의 지시에 따라 착륙 준비를 하면서 서서히 지상의 품으로 돌아왔다. 불과 몇 분 전, 두근댔던 긴장감은 사라지고 무사히 마쳤다는 안도감과 너무 짧은 비행시간에 아쉬움만 남았다. 그토록 갈망하던 첫 고공 강하였다, 드림 리스트 가운데 한 가지를 마칠 수 있도록 안내해준 후배와 잘 이끌어준 교관에게 진심으로 감사했다. 하고 싶은 일을 마음에만 두지 않고 실천한 오늘을 행복한 날 1순위로 두기에 충분했다.

영원한 현역

– 2018.03.18. 동아 국제 마라톤 대회 –

"형님, 이제 나이도 있고 하니, 달리기는 그만하고 감독 정도는 해야 하는 거 아닌가요?" 동아 마라톤 대회에 참가한다고 하자 후배가 내게 한 말이다. 누가 어찌 말하든, 대회 날 새벽 2시 알람 소리에 퍼뜩 잠자리를 박차고 나왔다. 준비해둔 옷을 주섬주섬 걸치고 가방을 멘 다음 선잠을 깬 아내에게 출발을 알리며 볼에 입을 맞췄다. 늦게까지 공부하다 잠든 하늘이가 깰까 봐 살금살금 현관을 나서며 아내의 배웅을 받았다. 언제부터인지 달리다 힘들면 걸으라는 당부가 낯설지 않다. 나이와 건강을 생각해서 욕심내지 말라는 애정이 담긴 말이니 그저 고마울 뿐이다. 이렇게 날 염려하고 사랑해 주는 가족이 있으니 이것이 행복이다.

3시에 전세 버스로 출발하여 고속도로 휴게소에서 도시락으로 아침 끼니를 해결했다. 잠깐 눈을 붙이고 나니 어느덧 광화문이었다. 옷을 갈아입고 달리기 준비를 하느라 버스 안이 부산했다.

새벽 기온 6℃. 반소매와 반바지 복장으로는 약간 쌀쌀했다. 출발을 알리는 신호에 맞추어 천천히 걸음을 옮겼다. 남들이 나를 앞서간다고 덩달아 분위기에 휩쓸리지 말아야 한다. 광화문 광장을 출발하여 숭례문을 지나 청계천을 통과했다. 우리나라의 중심, 서울의 심장부를 달리면서 많은 것을 보았다. 지역 특산물을 나타내는 복장을 한 선수, 갓을 쓰고 달리는 나이가 지긋해 보이는 어르신, 승복을 입고 달리는 스님을 보았다. 두 발 대신 양팔로 힘차게 휠체어를 밀며 나가는 이, 앞사람 배낭에 달린 끈을 잡고 암흑을 헤쳐나가는 시각장애인 마라토너를 보면서 나는 그동안 어떻게 살았는지 생각해보았다. 20km를 지날 때까지는 큰 어려움 없이 옆 러너들과 속도를 맞췄다.

30km를 지나면서 발걸음이 무거웠다. 문득 2년 전 연습 부족으로 이 대회에서 고생을 많이 한 기억이 떠올랐다. 풀코스에 대비한 장거리 훈련은 하지 않은 채 마음만 앞세워 대회에 참가했다. '설마 완주도 못 하랴.'라는 안일한 마음이었다. 준비한 사람에게만 행운과 기회가 온다. 게으름을 핑계로 둘러댈 수 없었다. 분위기에 휩쓸리지 말자던 생각은 어느새 천 리 밖으로 달아났다. 이제 '제발 제한 시간 안에 완주만 하자.'라는 생각이 간절했다. 등이 굽은 어르신, 배가 불룩한 아저씨, 몸이 무거워 보이는 젊은이, 아주머니와 아가씨, 말 그대로 남녀노소가 나를 앞질러 나갔다. 후회막급이었다. 호랑이는 토끼를 잡

을 때도 최선을 다한다 했는데 이런 초라한 모습이라니…….

35km를 지나 급수대에서 물을 마시고 처음으로 몇 걸음 걸었다. 그것이 세상 무엇보다도 달콤하다는 것을 잘 알기에 다시는 걷지 말자고 다짐했다. 내 몸은 자꾸만 정신의 통제를 벗어나 허물어지고 또 허물어졌다. 이미 달콤함을 맛보았다. 사탕의 유혹을 떨치지 못하고 엄마 눈치를 살피며 약속을 어기는 어린아이가 되었다. 그사이 정신과 육신은 서로 타협하여 스스로 합리화했다. '저기서 조금 걷고 남은 거리는 더 빨리 달리면 되지. 그럼 잃은 시간을 만회할 수 있어.' 점점 걷는 시간이 길어졌다. '그냥 과감히 포기할까?' 지난주 학교장 특강에서 어떤 일이 있어도 완주해서 학생들 앞에 서겠다고 한 말이 떠올라 고개를 저었다.

'그래, 걸어서라도 제한 시간 안에 기어이 완주해야 한다.'라며 마음을 다잡았다. 그 이후에도 내가 만든 악마는 계속해서 눈앞에 사탕을 흔들었다. '그래, 환희의 순간도 고통스러운 순간도 모두 지나가리라. 언젠가는 도착하겠지.' 남은 거리가 아득히 멀다고 생각될 때마다 연습 때 달렸던 구간을 머릿속에 쪼개 넣었다. 한 구간을 지나면 다음 구간을 생각하며 위안으로 삼았다. 남들은 토끼걸음인데 난 거북이걸음 꼴이었다. 대회에 나가면 내가 선택한 일이기에 달리는 고통을 즐기기도 했다. 힘든 과정을 이겨내면서 살아있음을 느꼈다. 오늘은 달리기가 무서운 형벌로 다가왔다. 부실한 준비로 고통을 자처한 셈이다. 포기하지 않으려면 고통을 기꺼이 받아들여야 했다. 욕심을 버리니 다행히 몸이 조금씩 가벼워졌다.

어느덧 함성과 함께 저만치 잠실 종합운동장이 눈앞으로 다가왔다. 예상한 시간보다 한 시간이나 늦었다. 하지만 천근만근이 된 몸으로 어쨌든 무사히 완주했다며 나를 위로했다. 항상 최고가 될 수는 없다. 오늘은 처참하게 깨지고 부서졌다. 이렇게 무너지면서 깨달았다. 마음만 앞서 연습 없이 무리하게 시도하면 몸이 상한다는 교훈을. 영원한 현역으로 남으려면 오늘 값진 경험을 가슴에 담고 다시 일어나야 한다.

부자父子의 정

– 2019.07.14. 정남진 장흥 철인 대회 –

살면서 보람을 느낄 때는 언제일까. 서로 생각이 다른 것처럼 그 순간도 다양할 것이다. 목표를 세우고 한 걸음씩 다가가 마침내 성과를 이룬다면 이보다 더 즐거운 일이 또 있을까. 올해 철인3종 대회에 첫 출전했다. 매번 그랬듯이 최선을 다했고 무사히 완주했다. 게다가 이번 대회는 나에게 특별한 의미를 안겨주었다. 군 복무 중인 아들과 오랜만에 함께 출전하여 완주하는 기쁨을 누렸기 때문이다.

아들은 대학교에 입학하면서 직업군인이 되기를 원했다. 그래서 자연스럽게 학군단에 입단했다. 장교가 되어 부하들을 지휘하려면 강한 정신력과 체력이 필요하다는 것을 잘 알고 있었다. 내가 즐기는 철인3종만큼 매력 있는 운동이 없다. 아들과 함께 취미 생활을 할 절호의 기회를 엿보았다. 하지만 갓 20대가 된 새내기 대학생이 선뜻 마음을 내지 못했다. 결국, 내 권유 끝에 몇 번을 망설이다가 어렵게 발을 들여놓았다. 당시 많이 힘들어했지만 임관하기 전 대여섯 차례 대회에 도전해서 완주했다. 몇 차례 시상대에 오르기도 했다.

시간이 흘러 임관식을 마치고 아들은 최전방 강원도 인제에서 근무하며 차츰 철인 운동과 멀어져갔다. 올 초, 부대를 옮기면서 다시 운동을 시작했다. 아들과 새로운 목표를 세우자고 약속했다. 철인3종 완주가 포함되었음은 물론이다. 이번 대회를 위해 아들은 한 달 전 휴가 때 수영 준비물과 자전거를 싣고 귀대했다. 대회 날이 다가왔다. 항상 그랬듯이 하루 전에 도착하여 등록을 마치고 대회장을 둘러보았다. 아들과 함께 대회에 참가했던 때가 어느덧 6년 전이다.

어제 저녁 식사를 하는데 아들 낯빛이 마치 치과 의자에 누워있는 사람 같았다. 오랜만에 대회에 나서는 탓이다. 새벽에 대회장에서 준비운동을 마치고 출발 신호를 기다렸다. 선수들이 서로 앞으로 나가려고 치열한 전투를 벌였다. 철인대회는 일반 수영과는 달리 선수들의 몸싸움까지 신경을 써야 한다. 사이클이나 마라톤과 달리 수영은 상대를 구분할 수가 없다. 겨우 페이스를 찾고 나니 머릿속은 온통 아들 생각으로 가득했다. 준비가 부실했는데 제대로 나아가기는 하는 걸까.

바다를 빠져나와 자전거 거치대로 달려갔다. 눈앞에 보이지 않으면 좋을 아들 자전거가 매달려 있었다. 그렇다고 거기서 마냥 기다릴 수는 없다. 어디쯤에서 나를 부르며 추월해 갈 수도 있으려니 생각하며 자전거를 끌고 출발선으로 향했다. 달리면서 한편으로 아들이 바다에서 제대로 나오기나 했는지 걱정스러웠다. 몇 차례 철인대회 경험이 있으니 그럴 일은 없을 거라 위안 삼으며 페달을 밟았다. 수많은 선수가 나를 앞질렀고 그 틈에 끼어 반환점에 도착했다. 그때부터는 아들을 찾기 위해 반대편으로 고개를 젖혔다. 늦어도 이 정도 시간이면 모습이 보여야 할 텐데. 행여나 무슨 일이 생긴 것은 아닐까 방정맞은 생각이 들 때마다 애써 고개를 저었다. 얼마나 갔을까. 저만치에 낯익은 모습이 보였다. 점차 가까워지는가 싶더니 휙 스쳐 지나갔다. 순간 목청껏 소리쳤다.

"호선아! 힘내. 안전하게 타야 해."

조마조마했던 걱정이 사라지니 페달에 힘이 들어갔다. 한결 가벼워진 마음으로 사이클 종목을 마쳤다.

이제 남은 것은 마라톤이다. 걱정을 덜어버렸으니 힘을 빼고 달리면 되었다. 항상 대회를 치르면서 고비를 맞을 때가 있다. 고통스럽지만 그 순간을 넘기려면 호흡에 집중하고 몸을 리듬에 맡겨야 한다. 힘들면 곁에서 달리는 선수를 보며 위안 삼는다. '모두 힘들다. 하지만 결국에는 이겨낸다.' 당연한 이치지만 이겨내는 기쁨은 평소 흘린 땀방울에 비례한다. 누군가 그랬다지. 가만히 있는 사람은 더 빨리 늙고 움직이는 사람의 시간은 더디게 간다고. 어느 틈엔가 저편에서 아들이 달려왔다. 무척 힘들어 했다. 스칠 때 손바닥을 마주치면서 힘내라는 말 밖에 딱히 해 줄 수 있는 것이 없었다.

마라톤을 마치고 결승점에서 아들을 기다렸다. 모퉁이를 돌아오는 사람이 아들인가 싶다가 다가올수록 다른 사람으로 변했다. 그렇게 한참이 지나고 아들이 들어왔다. 턱없이 부족한 연습량에도 결승점에 무사히 들어온 아들이 고맙고 대견했다. 많이 힘들었을 테지만 그 자리에서 나를 번쩍 업고 미소 지었다. 덜썩 큰 아들 등에 업히자 가슴 찌릿하며 부자父子의 정情이 통했다. 녀석의 등이 넓고 따뜻했다. 행복이란 멀리 있지 않았다.

아들은 이번 대회를 치르면서 무겁게 느꼈을 것이다. 저절로 이루어지는 것은 아무것도 없다는 것을. 대회를 마치고 함께 다짐했다. 기회를 만들어 올 하반기에 다시 나가자고. 힘들지만 열심히 훈련해서 기필코 명예를 회복하겠다고 했다. 함께 완주하고 아들에게 새로운 다짐을 들으니 뿌듯했다. 떨어져 살다 보니 평소 이야기할 시간이 많이 부족하다. 강한 체력과 정신력까지 덤으로 얻을 수 있으니 함께 철인 운동을 하는 것이 얼마나 다행인지 모르겠다. 이렇게 대회를 다니면서 부자간에 정을 나눌 수 있어 행복하다.

고진감래苦盡甘來

- 2019.10.13. 남해 철인 3종 킹코스 대회 -

이 후기와 완주 메달을 병상에 계신 아버님께 바칩니다.

남해에서 열리는 철인3종 킹코스 대회에 참가신청서를 냈다. 올 가을, 유난히 많은 태풍이 우리를 할퀴고 지나갔다. 파북을 시작으로 링링, 타파, 미탁, 하기비스는 올해 우리나라에 직간접으로 영향을 끼친 태풍 이름이다. 대회를 열기 며칠 전, 위력이 가장 큰 하기비스가 우리나라에 영향을 미칠 것이라는 예보가 연일 뉴스의 첫머리를 장식했다. 대회 주최 측은 매일 태풍의 세력과 이동 경로에 촉각을 곤두세우고 참가자에게 개최 가능성을 수치화해서 전했다. 특히 올해는 지난달 말 한강에서 열린 철인 3종 대회에서 참가자가 거센 물살에 휩쓸려 사망하는 사고가 발생해 안전 문제에 더욱 관심을 기울였다.

다행히 태풍 경로가 바뀌어 남해에는 큰 영향을 끼치지 않을 것이라는 예보가 뒤따랐다. 하지만 2차 피해를 우려해 수영 코스를 해변 안쪽으로 변경했다. 상대적으로 폭이 좁고 수심이 얕아 만조시간 전에는 상황이 열악했다. 전날 선수 등록과 자전거 검사를 마쳤다. 드디어 대회를 알리는 동이 채 트기 전 남해읍 자그마한 해변 마을이 소란스러웠다. 준비를 마친 선수가 속속 대회장으로 들어오고 있었다.

1. 피를 보다.

새벽에 대회장에 도착하자마자 자전거를 거치했다. 마련해 놓은 바구니에 먼저 수영 물품을 챙기고 자전거, 마라톤 순으로 준비물을 꼼꼼히 정리했다. 매번 해오던 일이지만 사소한 것 하나만 빠뜨려도 낭패를 당한다. 서두른 덕분에 여유가 있다. 벌써 물속에 들어가 워밍업하는 선수들이 보였다. 수심이 얕고 조개껍데기에 상처를 입을 수 있으니 주의하라는 방송을 들으며 바다에 몸을 담갔다.

예상보다 수온은 차갑지 않았다. 100여 미터 정도 적응 훈련을 마쳤다. 뭍에 오르려고 발차기를 하는 순간 오른쪽 발바닥에 예리한 통증을 느꼈다. 워밍업하면서 하얗게 불은 엄지발가락 살갗이 벌어졌다. 통증은 심한데 피는 나지 않았다. 조심하지 않은 것을 후회하며 동료들 곁으로 갔다. 발바닥에서 피가 흘렀다. 절뚝거리며 응급차량으로 갔다. 일단 지혈하는 것이 급했다. 상처 부위에 연고를 바르고 반창고로 발끝을 칭칭 동여맸다. 어릴 적 보았던 할머니가 고무신을 신기 전 맵시 나게 꽉 조이는 버선을 신은 느낌이 이런 것일까. 이제 와서 대회를 포기할 수 없어 난감하고 불편했다. 대회 시작 전에 피를 보다니 여러 불길한 생각이 꼬리를 물었다.

한번도 이런 적이 없었다. 어젯밤 꿈에서 자전거를 도난당했다. 아끼는 자전거를 잃어버려 아쉽기는 했지만 꿈속에서도 차라리 잘됐다고 생각했다. 킹코스에 대한 부담이 컸던 모양이다. 혹시 수영하다 무슨 일이 생기는 건 아닐까, 자전거를 타다 넘어지거나 바퀴가 펑크라도 나면 어쩌나 별의별 고약한 생각이 다 들었다. 하긴 대회에 갈 때마다 이런 걱정을 안 하는 것은 아니다. 그때마다 마음속으로 다짐했다. 고진감래. 다 잘 될 거야. 이윽고 수영 출발을 알리는 신호가 울렸다. 오늘은 3.8km를 왕복 다섯 바퀴 돌아오는 코스다. 비좁은 공간에 선수가 몰리다 보니 아수라장이었다. 손등으로 맞고 발뒤꿈치에 차이고. 어느 때는 내 팔이 앞 선수의 뒤통수를 때렸다. 절대 고의는 아니었다. 거기서는 그럴 수밖에 없었다.

세 바퀴를 지나자 앞뒤가 한산했다. 상당수 선수가 빠져나갔다. 물속에서 팔을 저으며 발차기하는 내 모습을 상상해 보았다. 감긴 태엽이 풀리면서 뒤뚱거리는 노점상의 인형이 떠올랐다. 지금 내 모습이 그렇다. 아무렴 어떤가. 속도가 늦어서인지 큰 힘 들이지 않고 뭍으로 나왔다. 수십 명이 물속에서 버둥거리고 있었다. 수영 실력이 부족하지만, 물에서 나올 때마다 내 뒤를 채워주는 선수가 있어 적잖이 위안이 된다. 킹코스는 열일곱 시간 안에 마쳐야 하는 장거리 경기이다. 기록을 조금이라도 단축하려고 서두르다 중간에 낙오하면 안 된다. 그러면 산통이 깨진다. 준비해 간 죽을 먹으며 자전거 주행 복장으로 갈아입었다.

2. 바람이 무섭다.

태풍 하기비스는 역대급이라고 했다. 주력부대가 동해안으로 빠져나갔다고 해도 남해안에 그 여파가 있었다. 특히 바닷가는 육지보다 바람의 강도가 더 하다. 자전거로 달려야 하는 거리가 왕복 열두 바퀴, 180km이다. 자전거를 끌고 도로에 나섰다. 서서히 속도를 올리며 적응을 마쳤다. 반환지점까지 굽이굽이 난 길을 돌아야 했다. 이제 끝인가 싶으면 저 멀리 아득한 곳에서 개미 떼처럼 자전거 행렬이 이어졌다. 까마득했다. 대개 해안도로는 높낮이 폭이 크다. 하지만 이곳은 순전히 커브로 이어지는 평지 길이다. 올여름에 고갯길을 오르는 훈련을 많이 했다. 그 덕을 보려던 기대는 물 건너갔다.

정신없이 달리는데 갑자기 돌풍이 휙 불어닥쳤다. 자전거가 휘청했다. 아찔했다. 이때 방심하면 커다란 사고로 이어진다. 당사자가 다치는 것은 물론이고 뒤에서 달려오는 선수와 2차 충돌이 더 큰 사고로 이어진다. 집중하느라 주위로 눈 돌릴 겨를이 없다. 한참 지나 반환점에 도착했다. 한 바퀴 도는데 삼십여 분이 지났다. 대충 계산해

보니 이 속도라면 여섯 시간 이상 꼬박 자전거 안장에 몸을 얹어야 한다. 게다가 복병인 맞바람을 상대해야 한다. 반대 방향으로 올 때는 순풍이지만 역풍을 맞을 때 에너지 소모가 훨씬 많다. 여섯 바퀴째가 되었다. 겨우 자전거 종목 절반을 마쳤다. 완주까지는 첩첩산중이다. 힘에 부치고 허기가 밀려왔다. 새벽에 맡겨둔 점심을 먹으러 갔다. 막상 준비한 음식에는 손이 가질 않았다. 본부에서 마련한 컵라면에 햇반 한 그릇과 김치 몇 조각으로 한 끼를 때웠다. 매콤한 김치에 곁들인 얼큰한 국물이 몸을 깨웠다.

잠시 다리가 쉬고 엉덩이가 의자 덕을 본 뒤라 상태가 한결 나아졌다. 자전거 경기는 속도가 빠르기 때문에 바람의 저항을 많이 받는다. 이때 앞 선수 뒤를 바짝 붙어 가면 조금 과장을 해서 거저먹는 거나 다름없다. 이것을 '드래프팅'이라고 한다. 기록에 영향을 줄 수 있기 때문에 철인 경기에서는 금지하고 있다. 적발되면 시간을 더하는 벌칙을 받기도 한다. 이번 대회는 드래프팅을 크게 규제하지 않았다. 간혹 앞 선수 뒤에 붙어 힘을 비축하다 내가 앞질러 끌어주었다. 상생 내지는 보은이었다. 자전거를 타면서 지금 몇 바퀴째 돌고 있는지 셈하는 것도 필수 점검과제이다. 물론 속도와 거리를 재는 계기판을 달고 있지만 그래도 머릿속으로 얼마나 왔는지 남은 거리를 헤아려야 체력 안배에 도움이 된다.

자전거를 휘청이게 하는 바람을 단속하면서 레이스 후반으로 접어들어섰다. 두 바퀴를 남겨 두고 곁을 지나던 선수와 인사를 나누었다. 그는 마지막 바퀴였다. 부러웠다. 그가 앞지르며 외쳤다.

"어르신, 뒤에 붙으세요."

내가 얼마나 힘겨워 보였을까. 난생처음 생각하지도 못했던 순간에 어르신 소리를 들었다. 어이가 없었다.

"저런 망할 녀석이 있나."

어느 틈에 우리 클럽 참가자 가운데 가장 나이 많은 현역이 되었다. 체면 차릴 겨를없이 뒤에 바짝 따라붙었다. 거저먹었다. 나 같이 젊은 어르신을 도와주려고 생각한 그 친구가 대견했다. 자전거 코스와 달리기 코스가 일정 부분 교차했다. 벌써 선두권은 달리기 코스에 모습을 드러냈다. 돌풍을 뚫고 무사히 자전거 경기를 마쳤다.

3. 내 안의 적을 이기다.

오랜 시간 자전거를 타다가 내리면 쉽게 발걸음이 떨어지지 않는다. 근육 전환이 될 때까지 서서히 적응했다. 고질적인 무릎 관절도 신호를 보냈다. 마지막 과제는 달리기 42km. 10.5km를 네 바퀴 돌아야 한다. 아직 해가 지지는 않았다. 초가을에 접어들었으니 금세 어두워질 것이다. 어둠을 헤치고 홀로 달려야 한다. 동료끼리 격려하며 곁을 스쳤다. 수영하기 전 베었던 발바닥이 불편했다. 쪼그리고 앉아 반창고를 떼어냈다. 제발 탈이 없기만 기도했다. 한 바퀴를 돌자 발목을 적시던 어둠이 어느결에 몸통을 감싸고 있었다. 오늘도 근무 중인 달빛만이 머리 위에서 응원했다. 고맙게도 곁에서 동행하도록 그림자를 붙여주었다. 그림자는 정확하게 내 속도에 맞추어 움직였다. 두 바퀴를 마치고 식사 보급소에 들어섰다. 배는 고픈데 입맛이 당기지 않았다. 그래도 먹어 두어야 한다. 에너지가 고갈되면 절대 버틸 재간이 없다. 의식을 치르듯 따끈한 국물에 담긴 어묵 몇 조각을 우적우적 삼키고 자리에서 일어났다.

마라톤이나 철인 경기는 칩 매트를 사용한다. 정확한 기록을 재고 선수가 반환점을 제대로 돌았는지 측정하기 위한 것이다. 이번 대회 달리기 코스에는 한쪽 반환점에 칩 매트를 설치하지 않았다. 한쪽에 매트가 없다고 해서 양심을 속이는 참가자는 없을 것이다. 적어도 이런 극한 경기는 자기 양심과 벌이는 싸움이기 때문이다. 대회 본부와 마을 주변 서너 군데를 제외하고는 불빛이 없다. 안전을 위해 차량도 통제했다. 사방이 고요했다. 이따금 헤드 랜턴을 끼고 달리는 선수의 모습만 눈에 들어올 뿐이다. 한쪽 풀숲에선 이름 모를 풀벌레 소리, 반대편에는 출렁이는 파도 소리가 건각들의 거친 숨소리와 묘한 대비를 이뤘다.

이 시간쯤이면 팀 동료는 벌써 골인 지점에 들어갔을 것이다. 반창고를 떼어낸 발바닥에 통증이 일어났다. 드디어 내 안에 있던 악마가 흥정을 벌이자고 붉은 혀를 날름거렸다.

'앞으로 한 바퀴나 남았는데 달리려면 한 시간도 더 걸려야 한다. 너는 지금 너무 힘들다. 여기서 그만두자. 너를 기다리는 동료와 따뜻한 물로 샤워하는 모습을 생각해 봐라. 과감하게 결단을 내려라.'

'아니다. 여기까지 오는 데도 무척 힘들었다. 지금 여기서 그만두면 모든 것이 물거품이 되고 만다. 난 무슨 일이 있어도 끝까지 완주해야 한다.'

'그럴 필요 없어. 넌 이제 나이도 많고 이 정도면 충분히 네 할 일을 다 한 거야. 너를 비난할 사람은 아무도 없어.'

'물론 이 어둠 속에서 반환점을 통과하지 않고 중간에 돌아가더라고 날 보는 사람은 아무도 없지. 하지만 나를 비난할 사람은 바로 내 양심이다. 여기까지 함께 온 동료를, 나를 응원하는 가족을 떳떳하게 바라보려면 어떤 어려움도 극복하고 피니시 라인을 통과해야 한다.'

마지막 바퀴 반환점을 힘겹게 돌았다. 제아무리 사나운 적도 내 안의 적보다 무섭지 않다. 이제 무슨 짓을 하더라도 제한 시간 안에 결승점에 도착할 수 있다. 고통에 맞서 불가능이라는 벽을 허물어야 한다. 비록 몸은 천근만근이지만 마음이 솜털처럼 가벼울 수가 없었다. 마지막까지 걷지 말자는 약속을 지켰다. 저 멀리에서 환한 불빛이 나를 기다리고 있었다. 그 불빛이 천천히 내게로 왔다. 동료의 환호를 받으며 결승선 테이프를 가슴으로 안았다.

지금까지 철인 운동을 하면서 적어도 일 년에 한 번은 킹코스를 완주하자고 다짐했다. 간혹 나를 조여 오는 나태함이 무서웠기 때문이다. 226.195km 완주는 결코 쉽지 않다. 지난해에는 이 대회에 참가비까지 냈는데 대회 직전 갑작스럽게 갈비뼈가 부러지는 부상을 당했다. 도리없이 참가를 접고 대회장으로 떠나는 후배들을 격려해야 했다. 어제 집에서 나올 때 아내는 이제 나이 생각 좀 하라며 말렸다. 경기하면서는 '시간이 지나면 해결되겠지'라며 스스로 위안했다. 잘못된 생각이었다. 시간이 지나면 제한 시간을 넘겨 결국 완주하지 못하고 컷오프 당하고 만다. 달리면서 생각이 많았다. 땀과 시간 그리고 강한 의지를 서로 버무려야 비로소 완주 메달을 목에 걸 수 있다.

내가 선택한 고통의 과정을 이겨내고 살아 있음을 느꼈다. 병환으로 누워계신 아버지, 항상 가족 걱정이 우선인 어머니, 든든하게 내조해주는 아내와 자식들, 항상 울타리가 되어주는 동생들 내외와 조카들에게 부끄럽지 않은 철인이 되었다.

오두재 앞에 무릎 꿇다

– 2019.11.02. 무주 메디오폰도 –

지난달 남해대회 킹코스를 완주하고 얼굴이 반달이 되었다. 밥 수저를 놓고 돌아서면 헛헛했다. 진이 다 빠져 평소 입던 옷도 헐렁했다. 만나는 사람마다 뜸을 들이다가 어디 아프냐고 묻곤 했다. 이런 내 모습을 보다 못한 아내도 어머니께 지원을 요청했다. 운동 좀 적당히 하라는 말을 먹어버리니 혼 좀 내시라고. 시어머니와 며느리가 쿵짝이 척척 맞았다. 나는 뒤돌아서서 다른 궁리를 하고 있었다.

무주에서 실시한 '반딧불 메디오폰도 자전거 대회'에 다녀왔다. 일 년 열두 달 여기저기에서 이런저런 대회가 수없이 열린다. 듣지도 못했던 자전거 대회도 차고 넘친다. 회원들이 자전거 대회에 다녀와서 무용담을 전할 때마다 나도 말을 붙이고 싶었다. 물론 진도 섬을 일주하는 '진도 랠리'에 서너 차례 다녀오기는 했다. 거기는 운림

산방 부근 급경사 고개에 오르는 것을 제외하면 특별히 각을 세운 코스는 없었다.

지금까지 그렇게 많은 대회에 나갔는데 전날 밤이면 왜 그렇게 가슴이 뛰는지 아직도 모를 일이다. 대회장에 도착하려면 새벽 여섯 시에는 출발해야 했다. 시내에 사는 후배들은 아내 눈치 보는게 싫었는지 함께 모여서 해장국을 먹고 출발한다고 했다. 하긴 아무리 많이 먹어도 배부르지 않은 것이 눈칫밥일 테니, 따신 해장국이 든든할 터이다. 난 참 고마운 아내가 있다. 아내는 오늘 새벽에도 어김없이 졸린 눈 껌뻑이며 자리에서 일어났다. 내가 좋아하는 뜨거운 국에 밥을 차려주고 밥상 곁을 지켰다.

대회에 나가다 보면 서로 의지하기 위해 나란히 달리는 경우가 있다. 회원 셋이 뭉쳐서 달리자고 했다. 이때 한 사람이라도 속도가 느리면 수평이 맞지 않고 기우뚱거리게 된다. 앞서가는 사람은 무한한 인내심을 발휘해야 한다. 다행히 나보다 오르막 공략이 약한 동생이 있었다. 적어도 나 때문에 균형이 깨질 일은 없을 것 같아 다행이었다. 문서화시킨 바는 없으나 공동운명체로 호흡을 맞추자고 셋이서 땅땅땅, 망치를 두드렸다.

뚫고 나가야 할 81.85km를 다섯 시간 삼십 분 안에 완주해야 했다. 늦가을 아침, 산골을 따라 흐르는 공기가 시리게 날을 세우고 있었다. 물 만난 물고기처럼 날렵하게 치고 나가는 선수에게 길을 양보하고 우리끼리 앞서거니 뒤서거니 했다. 마침표 없이 쓴 문장처럼 그렇게 20km쯤 달렸을까. 몇 군데 완만한 경사가 있었으나 거침없이 달렸다. 첫 번째 보급소에서 에너지를 보충한 뒤 다시 안장에 몸을 얹었다. 다음 보급소는 말로만 듣던 오두재를 넘어야 만날 수 있다. 오늘 오두재는 분명 귀가 많이 간지러웠을 것이다. 대회의 중심 지점으로 가장 험한 구간이라 사람 입에 많이 오르내렸으니 말이다. 다녀온 사람 말에 따르면 많은 참가자가 오두재에서 중간에 끌바(고갯길이 가팔라 도중에 내려서 자전거를 끌고 가는 것을 뜻하는 용어)를 한다고 했다. 이제나저제나 하며 이정표에 눈길을 주었다. 한적하게 뻗은 길이 우측으로 심하게 휘어지면서 콘크리트 포장길로 이어졌다.

해발 1,800m. 드디어 오두재 입구에 들어섰다. 가보지 않은 길이라 가늠조차 할 수 없었다. 장대처럼 하늘을 받치고 있는 가파른 언덕길에 앞서가는 선수 운동복이 단풍잎처럼 붙어 있었다. 경사를 이기지 못하고 하나둘 끌바 하는 선수가 늘어났다. 끝까지 견뎌보리라 이를 악물었다. 걷는 선수들 곁을 지나면서 저절로 다리 힘이 풀렸다. 결국 땅에 발을 딛고 말았다. 다리가 후들거렸다. 그렇다고 정상까지 얼마나 걸릴지 모르면서 무작정 걸을 수는 없었다. 50여 미터쯤 지나자 마음이 급했다. 다시 페달을 밟기 시작했다. 직선으로 코스를 정복하기에는 비탈이 호락호락 길을 내주지 않았다. 맞서면 안 되었다. 꾀가 났다. 마음을 내려놓고 오르막과 타협했다. 도로 폭을 활용해 갈지之자로 파먹기 작전을 세웠다.

저 멀리 비탈길을 달리는 차량이 보였다. 그곳까지만 가면 시련이 끝날 줄 알았다. 신기루였다. 그 자리에서부터 본격적으로 가파른 언덕이 시작되었다. 끝없이 이어지는 오르막이었다. 심마니들만 오를 수 있다는 강원도 두메산골이 이럴까 싶었다. 코스를 만든 사람 심보가 못됐다고 생각했다. 물고기가 거센 물줄기를 거슬러 오르듯 댄싱(자전거 안장에서 엉덩이를 떼고 서서 페달을 구르는 것을 뜻하는 용어)을 하면서 치고 오르려고 무지하게 용을 썼다. 한번 걸으면 얼마나 편한지 이미 맛을 보았다. 나중에는 자전거를 끌고 언덕을 오르는 것조차 만만치 않았다. 앞쪽에서 패잔병들이 숨을 고르고 있었다. 처음 보는 동지들과 신세타령을 하다가 고삐를 조였다. 함께 가기로 했던 아우 한 명은 진즉 튀어 나갔다. 저만치서 정상을 알리는 표지판이 나를 반겼다.

꼭짓점까지 100m 남았다. 철인이라는 이름값을 해야 한다. 여기서부터는 어떤 일이 있더라도 걷거나 구겨진 모습을 보여서는 안 된다. 멈출 줄 모르고 흐르는 땀이 턱선을 간지럽혔다. 거듭 페달을 딛고 오르니 카메라를 든 아우의 환한 얼굴이 보였다. 정상에서 내려다본 코스는 마치 거대한 용이 승천하듯 구불구불 이어져 있었다. 참 높은 길, 힘들었지만 잘 올라왔다. 정상은 마치 시골 장터를 방불케 했다. 따끈한 어묵으로 허기를 달래며 어디쯤인가 내 뒤를 따라오고 있을 후배를 기다렸다. 그를 기다리는 동안 은근히 걱정스러웠다. 코스가 만만치 않은데 너무 늦지나 않을지, 첫 도전에서 컷오프에 걸리면 어쩌나. 다행히 얼마 지나지 않아 그가 힘겹게 올라오고 있었다. 반가웠다. 사실 이런 대회는 체력도 필요하지만, 더욱더 중요한 것은 정신력이다. 정신력마저 바닥났을 때 함께 달리는 동료가 커다란 힘이 된다.

이제 절반이 남았다. 앞으로 이보다 어려운 코스는 없다. 꽃길만 남은 셈이다. 한 숨 돌리고 나니 내리막이 우리를 맞이했다. 동생들과 서로 끌어주며 무르익은 가을 속으로 날아갔다. 올가을 변변하게 단풍 구경 한 번 못했다. 중간에 멈추어서 두 눈에 맘껏 가을을 담았다. 출발할 때 셋이서 약속한 대로 서로 기다려주고 속도를 맞추어 함께 완주했다. 먼저 들어온 동료들이 밀려와 내 품에 닿았다. 화려한 대회는 생각보다 짧게 막을 내렸다. 4시간을 갓 넘겨 피니시 라인을 통과했다.

추위 속에서도 열성적인 응원을 보내는 무주 자원봉사 아주머니들의 모습이 인상적이었다. 길목마다 지키고 서서 율동과 함께 힘내라고 외쳐주셨다. 이렇게 응원을 많이 해주는 대회는 처음이다. 쌀쌀한 산골바람 대신 훈훈한 인심을 듬뿍 받았다. 집에서 새벽밥 먹고 어둠 속을 헤쳐 나올 때는 심산했다. 잠시 오두재에서 무릎을 꿇었으나 대신 오늘 치른 땀방울로 성취감과 자신감이라는 선물을 가득 안았다.

당신! 정말

- 2020.06.14. 무주 그란폰도 -

때 이른 여름이 왔다. 불청객 더위에 창문을 열어둔 채 잠이 들었다. 테라스를 맹렬하게 두드리는 빗소리에 잠을 깼다. 머리맡에 둔 휴대전화는 막 새벽 1시를 넘어서고 있었다. 잠들기 전, 알람을 4시에 맞춰두었으니 일어나야 할 시간이 한참 남은 셈이다. 오늘은 자전거 그란폰도 대회가 열리는 날이다. 잠결에도 이런 기세로 비가 쏟아지면 대회를 진행할 수 있을지, 뒤숭숭했다. 다시 깜빡 잠이 들었다가 약속 시각이 되기도 전에 일어났다.

요즘 일기예보는 비교적 정확하다. 방송에서 오늘 비 소식을 며칠 전부터 예고했다. 대회를 주최하는 곳에서는 생각하지도 못한 코로나 여파로 올해 열려던 대회를 대부분 취소했다. 해마다 이맘때면 적어도 서너 차례씩 대회에 출전해 몸 상태도 적당히 달구었을 터였다. 손발이 묶인 동호인 몸이 근질근질할 지경이다. 두어 달 전, 회원 몇 명이 무주에서 여는 자전거 그란폰도 대회에 참가신청서를 냈다. 그란폰도란 높낮이가 심한 산간 지역을 자전거를 타고 달리는 자전거 마라톤이라고 보면 된다.

비가 많이 내리면 대부분 자전거 대회를 취소한다. 속도가 빨라 미끄럽고 사고위험이 많기 때문이다. 어제 회원과 약속했다. 비가 많이 내려도 일단 대회장에는 가보자고. 새벽 4시경 휴대전화 창에 호우경보 메시지가 떴다. 빗줄기가 굵어져 삼대 같은 비가 내렸다. 아랑곳하지 않고 폭우를 뚫고 무주를 향해 차를 몰았다. 아침 끼니를 해결하기 위해 고속도로 휴게소에 들렀다. 이른 시간이라 한산했고 눈에 띄는 사람의 차림을 보니 우리처럼 대회 참가자가 대부분이었다. 식사를 거의 마칠 즈음 대회 출발을 두 시간 연기한다는 메시지가 떴다. 폭우 탓에 대회 구간 일부가 산사태로 유실됐고 응급으로 복구하는 동안 지연된 것이다. 갑자기 여유가 생겨 일정을 짚어보았다. 오늘 달려야 하는 거리가 140km이다. 이 길을 일곱 시간 안에 들어와야 한다. 산세가 험하여 위험이 따르기에 제한 시간에 완주하기란 절대 쉽지 않다. 차 안에서 비가 그치기를 기다리며 코스를 그려보았다. 화장실을 서너 번이나 들락거렸다.

이번 대회를 완주하기 위해 열심히 훈련했다. 한 달 전부터 새벽마다 자전거를 끌고 나갔다. 아내는 그저 평소처럼 새벽 운동하는 줄만 알았다. 적절한 때에 대회 참가 사실을 알려야 했다. 어느 날 눈치를 살피다가 아침 밥상머리에서 넌지시 운을 뗐다. 내 말을 들은 아내는 으레 나가는 대회려니 생각한 듯 대수롭지 않게 물었다.

"어디에서 하는데?"

"응, 무주에서."

"몇 킬로나 되는데?"

"140km라네."

말이 떨어지기가 무섭게 몇 대의 화살이 날아왔다.

"당신, 미쳤어? 이제 나이 좀 생각해. 언제까지 그렇게 위험한 운동을 할 거야?"

"알았어, 그러니까 매일 새벽에 운동하잖아. 조심할게."

내가 슬며시 말꼬리를 낮추었다. 아내는 포기했나 보다. 더 말이 없으니 반승낙은 얻은 셈이다. 아내가 나가지 말라고 해서 그 말 들을 나도 아니지만, 그래도 가정의 평화를 위해서 눈치를 살피는 것이 낫다는 지혜를 터득했다.

두 시간을 넘겨 예정한 출발 시각이 다가오자 거짓말처럼 비가 멈추었다. 도로를 가득 메운 자전거 행렬은 언제 보아도 장관이다. 이런 대회에 참가하는 사람은 자전거깨나 탄다는 이들이다. 모두 자신의 실력을 뽐내면서 속도를 올렸다. 오늘 대회도 최선을 다하면 된다. 안전이 최고다. 이 말을 주문처럼 외우며 페달을 밟았다. 평소에도 온 힘을 다해 두어 시간 이상 자전거를 타는 일은 절대 쉽지 않다. 하물며 고수와 어깨를 겨룬다는 것은 결국 자신과 벌이는 싸움이다. 고통을 이겨내는 일이다.

해마다 십여 차례 철인대회에 참가한다. 세상사는 일에 어디 호락

호락한 게 있을까. 일단 대회장에 들어서면 악전고투를 마다하지 않는다. 그 순간 내가 지금 무엇을 하고 있는지 되묻는다. 이따금 후회가 밀려온다. 그럴 때면 살면서 행복했던 순간을 떠올린다. 그렇게라도 그 풍랑을 헤쳐나가야 한다. 시련을 이겨내는 것이 내 몫이다. 성취감이 훗날 청량제가 된다. 마지막 순간 목에 거는 완주 메달은 나에게 주는 커다란 격려이자 칭찬이다.

적지 않은 나이를 먹었지만 언제 받아도 기분 좋은 일이 칭찬이다. 나는 대회에 참가하여 남과 자신에게 칭찬을 받는 셈이다. 칭찬을 받으면 나도 모르게 얼굴이 환해진다. 온몸으로 부대낀 고통이 눈 녹듯 사라지고, 그렇게 얻은 자신감은 일상에서 커다란 무기가 된다. 이 무기를 지니면 나를 타인과 비교하지 않는다. 어제의 나와 오늘의 나를 가늠하여 성장하는 법을 알 수 있다. 이렇게 대회에 참가하여 재충전한 마음은 다음 대회에 참가할 때까지 활력소가 된다.

달리다 보니 어느덧 점심시간을 훌쩍 넘겼다. 바나나 한 조각, 초콜릿 서너 개로 끼니를 대신했다. 여섯 시간 동안 고개를 넘고 다리를 건넜다. 어느덧 골인 지점이 눈앞에 다가왔다. '미치지 않으면 미치지 못한다'라는 말을 떠올리며 아내에게 무사히 완주했다고 보고했다. 전화를 받은 아내는 "당신! 정말……."

말꼬리를 흐리며 안도감을 비쳤다. 나를 염려해주고, 내가 사랑하는 아내가 있으니 행복하다.

6부

현철은 단비이다

세 번만 참으세요

수요일, 비오면 우요일이다. 마침 예약해둔 정기 헌혈일이니 내게는 헌요일이다. 하루 일정을 수첩에 빼곡히 적어놓기 때문에 지금까지 헌요일을 건너뛴 적은 거의 없다. 아침에 간부회의를 마치고 헌혈의 집으로 향했다. 오늘을 위해 어제 무리하지 않고 휴식했다. 의식적으로 평소보다 물도 더 마셨다. 수분 섭취가 충분하면 혈액 배출이 원활해서 헌혈 시간이 단축되기 때문이다.

문진하던 간호사 선생님이 내 복장을 보고 놀라며 묻는다.

“오늘 출근 안하셨어요?”

“아뇨. 했지요. 헌혈 때문에 잠시 외출했어요. 그런데 왜요?”

오늘 복장이 조금 특이했다. 생활한복을 입었다. 남들은 이런 옷을 흔히 개량한복이라고 한다. 난 그냥 생활한복이라 부른다. 품이 넉넉해서 평소에 입으면 참 편안하다. 품이 넉넉한 생활한복은 헌혈하기에 좋은 옷이라 이럴 때 즐겨 입는다.

요즘은 관공서에서 근무하는 사람의 복장도 많이 간소하고 있다. 사람을 많이 만나는 일을 하거나 직책이 높아질수록 정장을 차려입는 것이 예의라고 여기던 때가 있었다. 특히 기관장은 옷차림에 대한 고민이 컸을 것이다. 굳이 '넥타이를 매고 정장을 입을 필요가 없다면, 등산복 말고 단정한 차림이면 좋지 않을까'하고 생각한다.

먼저 오른팔을 자동 혈압측정기에 집어넣었다. 지난번에 혈압이 다소 높아서 오늘은 미리 심호흡을 서너 차례 했다. 다행히 적당한 수치가 나왔다. 간호사 선생님의 질문에 따라 간단히 절차를 마쳤다. 두어 가지 질문이 더 이어졌다.

"예약해드릴까요?"

"네."

"언제로 할까요?"

"2주 후에 해야죠."

"기념품은 무엇으로 할까요?"

헌혈을 마치면 몇 가지 기념품 가운데 한 가지를 고를 수 있다.

"기부권으로 하겠습니다."

헌혈할 때마다 기부권을 신청한다. 아주 적은 금액이지만 누군가의 목마름을 해소해줄 소중한 한 방울의 약수가 되기를 바라는 마음 때문이다.

주삿바늘이 들어갈 자리를 소독하기 위해 세 차례에 걸쳐 면봉으로 문지른다. 이때마다 기분이 묘하다. 간지러우면서도 잠시 후 주삿바늘이 들어온다는 긴장감 때문이다. 내 재주로는 그 느낌을 글로 표현하기가 쉽지 않다.

"자, 따끔합니다."

숨을 깊이 들이쉬고 지그시 눈을 감았다. 이 순간을 1초의 찡그림이라고 했다. 딱 그만큼이다.

한쪽 팔에 주삿바늘을 꽂고 준비해간 책을 펼쳤다. 평소대로 책을 읽다가 오늘은 무슨 글을 쓸까 궁리했다. 두서없이 생각이 넘실거렸다. 오른쪽 팔은 바늘에 볼모로 잡혔으니 왼손으로 휴대전화를 꺼내 글자판을 눌렀다. "평소 아껴둔 피 있으면 맡겨 주세요. 잘 보관해드립니다. 그런 일이야 없어야겠지만 나중에 혹시 필요할 때가 생기면 찾아 쓸 수 있습니다. 오늘은 선물도 주시네요. X1이라는 아이돌 그룹 음악 앨범입니다. 저는 잘 모르는 가수라 우리 학생 가운데 좋아하는 녀석이 있으면 인심이라도 쓰려고 넙죽 받았습니다. 창밖을 보니 가을이 겨드랑이를 끼고 함께 나가자고 하네요. 속삭임을 이길 재간이 없어 빗속 낙엽을 밟으러 슬쩍 걸음을 옮길까 합니다. 제 눈이 호강할 겁니다. 모두 행복한 날 가꾸세요." 이렇게 자판을 찍어 SNS에 올렸다. 물론 헌혈하는 모습이 담긴 인증사진과 함께.

각종 질병이나 사고로 인해 필요한 혈액의 양은 늘고 있다. 하지만 헌혈하는 사람의 숫자는 해마다 감소하고 있다. 노령화, 저출산, 혈액 안정성 강화로 인한 헌혈 금지 대상자가 증가하고 있기 때문이다. 혈액이 필요한 환자들이 제때 수혈을 받기 위해서는 건강한 헌혈자의 지속적인 참여가 필수적이다.

헌혈을 하고 싶은 건강한 사람도 주삿바늘이 무서워 헌혈을 꺼린다는 이야기를 듣기도 한다. 이런 사람을 위해 한마디만 덧붙이고 싶다. 헌혈의 집에 가서 딱 세 번만 참으면 된다고. 혈액 성분을 검사하기 위해 손가락 끝을 침으로 찌를 때가 첫 번째다, 다음은 헌혈용 바늘이 팔뚝에 들어가는 순간이다. 마지막은 혈액을 다 뽑고 난 다음 바늘을 뺄 때다. 세 번이나 아픔이 있다면 헌혈 경험이 없는 분들은 놀라서 발걸음을 돌릴지 모르겠다. 하지만 아픔이라는 표현은 나 같은 겁쟁이에게나 딱 어울리는 말이다. 사실은 따끔하다는 표현이 훨씬 정확하다.

헌혈은 단비이다

어제 수첩을 보다가 하루 앞으로 다가온 정기헌혈 날짜를 확인했다. 며칠 전부터 생각하고 있었던 전자문진을 깜빡 지나친 셈이다. 오전 10시 무렵 혈액 관리본부에서 보낸 정기헌혈 메시지가 도착했다.

"송태규 님, 헌혈주기일 입니다. 생명을 살리는 헌혈! 그 고귀한 사랑 실천을 부탁드립니다."

아차! 하던 일을 멈추고 휴대전화를 통해 전자문진 앱을 열었다. 전자문진이란 헌혈자가 헌혈하기 전 헌혈할 수 있는 여부를 휴대전화 앱을 이용해 점검하는 절차이다. 전자문진을 마친 다음 헌혈의 집을 방문하면 대기 시간을 단축할 수 있는 편리함이 있다.

먼저 헌혈 금지 사항에 대한 안내문을 모두 읽고 클릭하였다. 첫 번째 몸 상태부터 특정 국가나 지역 체류 여부까지 11개 항목에 '해당

없음'으로 쾌속 순항했다. 문진을 마무리하기 전 헌혈 참여 동기를 선택하는 순서가 남았다. 아홉 개의 선택 문항 가운데 내가 선택하는 것은 '정기적인 참여 때문에(보람과 긍지)'이다. 다행히 아들과 딸도 나를 따라 정기적으로 헌혈 대열에 합류하고 있다. 지난 주말, 아들이 112회를 마쳤다. 딸은 팔에 바늘을 꽂은 채 100회를 눈앞에 둔 96회 인증사진을 보내왔다. 이렇게 건강관리를 잘하여 헌혈에 참여한다면 올 안에 가족 500회 목표를 달성할 것 같다.

헌혈할 때마다 '봉사는 습관이다.', '봉사는 남을 위하는 것이 아니라 자기만족이다.'라는 말을 떠올린다. 생각할수록 나에게 딱 어울리는 말이다. 매월 두 차례의 정기헌혈 일이 다가오면 스스로 마음과 몸가짐을 단정히 하고 그날을 맞이한다. 피치 못할 사정으로 건너뛰게 되면 마치 재채기하려고 숨을 들이마시다 멈춘 것처럼 마음이 영 개운하지 않다.

헌혈은 마음과 생명을 나누는 일이다. 건강한 사람이 선한 마음으로 혈액을 예치해 놓으면 아픈 가족과 위험에 처한 이웃을 살릴 수 있는 범위는 그만큼 넓어진다. 올해 들어 나에게 헌혈증을 부탁하는 사람이 부쩍 늘었다. 대부분 가족이나 친지가 중환자실에서 병마와 사투를 벌이는 안타까운 분이었다. 헌혈증이 있으면 치료비에서 일정 부분 혜택이 주어진다는 병원 안내를 받고 다多헌혈자인 내게 연락하는 것이다.

원불교 중앙총부 공익부에 연락해서 절차를 밟아 헌혈증을 전달해드렸다. 보호자에게 조심스럽게 물었다. 혹시 헌혈해 본 적이 있느냐고. 안타깝게도 헌혈해 본 적이 없는 사람이 대부분이었다. 물론 헌혈을 하지 못하는 여러 가지 이유가 있을 수 있다. 헌혈은 건강과 직결되기 때문에 절대 억지로 권유해서는 안 된다. 건강한 사람은 피를 뽑아도 다시 헌혈을 할 수 있는 시기가 되면 정상으로 회복된다. 헌혈을 할 수 있는 조건이 된다면 건강진단을 받은 것이나 한 가지이다. 건강하다는 보증을 받은 것이니 자부심을 가져도 좋다.

우리나라 헌혈자의 상당 부분은 군인, 대학생 그리고 고등학생이다. 헌혈의 집을 찾는 지원자 수가 부족하기에 혈액원에서 부대와 학교를 방문하여 단체 헌혈을 실행한다. 학기 중에는 다행이지만 방학기간에는 혈액확보에 빨간불이 켜진다. 현대 의학이 아무리 발달하였다고는 하지만 사람의 피를 대신할 대체 혈액을 만들지 못하고 있다. 인간의 피로써만 인간을 살릴 수 있다.

헌혈 날짜가 다가오면 몸 관리를 철저히 한다. 될 수 있는 한 모임을 멀리하고 규칙적으로 운동한다. 덕분에 헌혈하기에 최적의 몸 상태가 되어있다. 며칠째 대지가 메마르고, 푸석푸석하더니 마침 밭작물 해갈에 도움이 되는 비가 내렸다. 빗속을 걸어 헌혈의 집에 도착했다. 간호사 선생님이 단비를 만난 꽃과 나무처럼 반갑게 맞이해주셨다.

"어! 벌써 2주가 지났어요? 참 시간 빠르네요."

헌혈의 집을 오간 세월이 어느덧 20여 년이 다 되어간다. 헌혈의 집에 정기적으로 드나들면서 간호사 선생님과 친하게 되었다. 내 뒤를 이어 단골손님이 된 아들딸 이름까지 꿰뚫고 있는 간호사도 있다.

출장이나 사정이 있어 전주에 있는 헌혈의 집으로 갈 때도 낯익은 분들이 말동무해 주어 감사할 따름이다. 고등학교에 근무할 당시 1년에 두 차례씩 헌혈차가 학교에 도착하면 먼저 가서 수고한다는 인사를 건넸다. 헌혈의 집에서 근무하는 선생님들은 종일 사람을 상대하기 때문에 상당한 스트레스에 시달리고 있다. 내 따뜻한 말 한마디로 조금이나마 피로를 풀어 줄 수 있다면 좋겠다는 생각에 항상 밝은 얼굴로 인사를 건넸다.

성분헌혈을 하려면 팔에 바늘을 꽂고 거의 한 시간을 보내야 한다. 준비해간 책을 읽다 보면 시간이 훌쩍 지나간다. 틈새를 노린 나만의 독서법이라고 할 수 있다. 바늘을 뽑고 지혈을 할 때는 그동안 생각했던 것을 떠올리며 메모를 한다. 헌혈하는 시간을 낭비라고 생각하지 않는다. 나만의 읽기와 쓰기라는 새로운 시간으로 꾸려가고 있다. 258회 헌혈을 마치며 오늘 내가 보탠 혈액이 애타게 수혈을 기다리는 환자에게 단비와 같기를 기도한다.

딸의 헌혈 100회

사람들은 살면서 숫자에 여러 가지 의미를 둔다. 개인별로 특별히 좋아하는 숫자도 있다. 문화에 따라 나라마다 선호하는 숫자가 있다. 이를테면 우리나라(남북한) 사람은 숫자 3을 좋아한다. 3은 '환인 · 환웅 · 단군' '해 · 달 · 별' '상 · 중 · 하' 등 우주만물의 근원이라는 주역의 천지인天地人과 관련한 의미가 있다. 또한 '3'은 전통 생활에서 기본 개념으로 통했으며, 민속학적으로도 뿌리 깊은 수로 자리 잡았다. 내기를 하거나 씨름을 할 때도 '삼세판'을 기본으로 했다. 상대가 잘못을 저질러도 세 번은 참아준다는 말이 있을 정도이다.

미국을 비롯한 서양에서는 행운의 숫자로 불리는 7(lucky seven)을 좋아한다. 이는 기독교의 영향 때문이다. 성경에 천지창조 후 7일째에 쉬었다는 말에서 비롯되었으며 7은 완전함을 뜻한다. 중국은 숫자

8과 9를 행운의 숫자라 여긴다. 8을 좋아하는 이유는 '돈을 벌다'의 파(發 fa)와 발음이 비슷하고, 무한대(∞)의 의미도 있기 때문이다. 중국이 베이징 올림픽 개막을 2008년 8월 8일 8시로 정할 만큼 숫자 8에 대한 사랑은 각별하다. 또한, 황제만 사용했다는 9는 최고 높은 숫자로 발음이 영원을 의미하는 것과 같아서 행운이라고 여겼다. 일본에서도 서양 문화의 영향으로 행운을 뜻하는 7과 중국의 영향으로 번창(발전)을 의미하는 8을 행운의 숫자로 생각한다.

운동선수의 등 번호에도 나름대로 의미를 담고 있다. 큰 비중을 차지하는 선수가 특정 번호를 달고 뛰는 것을 보아도 미루어 짐작할 수 있다. 이 선수에게 등 번호는 또 다른 이름을 상징하는 것이다. 스포츠나 항공기, 철도 등에서 특정 번호를 다시 사용하지 말도록 하는 영구 결번이라는 것도 있다. 등 번호를 사용하는 단체 경기에서 특정 번호를 다시 사용하지 않도록 하는 경우가 그것이다. 특별한 기록을 남기거나 팀에 빼어나게 공헌한 선수가 은퇴할 경우 그 선수의 명예를 기리기 위함이다.

센츄리 클럽(century club)이 있다. 축구에서 국가대표가 되어 FIFA가 공인하는 A매치(국가대항전)를 100회 이상 출전한 선수들의 그룹을 뜻하는 말이다. 실제로 이러한 모임이 이루어지는 것은 아니지만 이곳에 명단을 올리기 위해서는 부상 없이 꾸준한 경기를 이어가는 철저한 자기 관리가 필수 조건이다. 99℃에서 끓지 않던 물은 100℃가 되면 끓는다. 100℃라 부르기 전에도 물은 이 온도에서 끓었지만 우리는 100이라는 수를 붙였다. 또한, 100은 누구나 선망하는 숫자이기도 하다. 학교에서 실행하는 시험은 대부분 100점을 기준으로 하고 있다. 일부 극성스러운 부모는 죽기 아니면 살기로 자녀가 100점을 맞도록 다그친다. 자녀가 명문학교에 들어가 자신의 체면을 세워 주어야 하니까.

지난주, 딸아이가 헌혈 100회를 마쳤다. 2011년 말부터 거의 8년간 '행복한 1초의 찡그림'을 실천했다. 매달 한차례 이상 헌혈의 집을 방문한 결실이다. 무엇보다도 건강관리를 잘해야 실천할 수 있는 일이기에 성취감이 남다를 것이다. 녀석이 적십자 헌혈 레드카펫인 '헌혈 명예의 전당'에 이름을 올렸다. 대한적십자사 총재가 주는 '헌혈유공 명예장'은 덤이다. 헌혈유공 명예장이란 대한적십자가 100회 이상 헌혈을 진행한 사람에게 주는 특별한 상패를 의미한다.

딸아이는 간호학과를 졸업하고 1년 동안 그가 다녔던 대학병원 수술실에서 근무했다. 당시 급히 혈액이 필요한 환자를 수술할 때 헌혈의 중요성을 새삼 깨달았다고 했다. 현재까지 헌혈은 수혈이 필요한 환자를 살리는 유일한 방법이다. 애타게 혈액을 기다리는 이를 위해 봉사하는 마음을 갖고 꾸준히 헌혈을 실천하는 자세가 중요하다. 딸아이는 100회 헌혈을 마치고 "헌혈은 다른 사람의 생명을 살리는 삶을 실천하는 일이라고 생각한다. 헌혈하는 사람이 많이 늘어나 혈액을 필요로 하는 응급환자가 마음을 태우는 상황이 생기지 않았으면 좋겠다."라고 말했다. 딸아이의 헌혈에 대한 열정이 100℃가 되어 식지 않기를 바랬다.

헌혈은 건강한 사람이 누리는 특별한 권리이면서 의무사항이라고 할 수 있다. 나도 헌혈의 집 문턱을 넘은 지 어느덧 263회가 되었다. 군에서 중대장을 맡은 아들은 115번 소매를 걷었다. 숫자에 커다란 의미를 부여할 필요는 없지만, 가족이 합해서 500회가 될 날이 머지않았다.

종이 한 장 차이

대학교에 갓 입학했을 무렵이니 어느덧 40년이 다 되어간다. 당시 집에서 학교가 있는 전주까지 버스를 타고 통학했던 때였다. 대학생이 되었다는 해방감이었을까. 수업을 마치면 학과 친구들과 어울려 막걸릿집에 가는 날이 잦았다. 술자리 분위기가 익어갈수록 막차를 놓치지 않으려면 연신 손목시계를 들여다봐야 했다. 마지막 한 잔을 뿌리치지 못한 날은 눈앞에서 멀어져가는 버스 꽁무니를 바라보며 자취하는 친구 방으로 발길을 돌려야 했다. 막차를 놓치는 것이 말 그대로 종이 한 장 차이였다.

나는 2주에 한 번씩 마법에 걸린다. 대략 1년에 스무 번이 넘는다. 그때마다 들러야 하는 곳이 있다. 오늘이 그 날이다. 새해 들어 첫 번째 헌혈하는 날이다. 교당에서 법회를 마치고 이른 점심을 먹었다. 시간을 쪼개 써야 했기 때문에 오후 일정이 촘촘했다. 대학로에 있는 헌혈의 집으로 부지런히 차를 몰았다. 문을 열고 들어서자 가장 먼저 12

시부터 오후 1시까지 점심시간이라는 낯선 안내 표지가 나를 맞이했다. 벽에 걸린 시계 큰 바늘이 정상에서 우측으로 살짝 기울었다. 12시에서 막 2분을 지나고 있었다. 종이 한 장 차이만큼 늦었다. 순간, 2분 늦어서 58분을 기다려야 한다니 난감했다. 다른 일을 보기에는 시간이 어정쩡했다. 그렇다고 막 수저를 들었을 간호사 선생님에게 팔을 내밀며 바늘을 꽂아 달라고 떼쓸 염치도 없었다.

마침 가방 안에 있는 책이 떠올랐다. 오늘 새벽에 읽다가 조금 남아서 넣어 왔다. 기다리는 시간 동안 읽기에는 안성맞춤이었다. 현재 경관 디자인 회사를 운영하는 작가가 쓴『공간이 아이를 바꾼다』(김경인, 중앙북스)라는 책이다. 학교 공간을 꾸미는 데 도움이 될 것 같아서 읽고 있던 참이다. 겨울 방학 기간에 학교에서 천장 석면을 제거하는 대규모 공사를 벌이고 있다. 예상한 대로 일정을 마무리하면 교실과 복도를 새롭게 칠해서 산뜻하게 단장해보려 한다. 사람을 처음 만났을 때 그 사람이 입은 옷이나 색깔에 따라 인상이 달라지기도 한다. 이번에 실내에 무슨 색으로 옷을 입힐까 고민하고 있다. 이 책이 요긴한 길잡이가 될 성싶다.

외양이나 색깔로 볼 때 요즘 지은 곳을 제외하면 대부분 학교가 고만고만하다. 외벽은 한결같이 회색이나 붉은색 벽돌이다. 내부를 살펴보면 이번에는 거의 흰색과 회색 차림이다. 어릴 때부터 보았던 낯익은 학교 모습이다. 다행히 요사이는 학교 건물을 지을 때 건축 디자인과 색상에 관한 연구를 많이 한다. 단조로운 색깔보다 밝고 따뜻한 파스텔 색조 옷을 입힌다. 이렇게 하면 학생 정서함양에 도움이 되고 학습 분위기를 향상한다는 여러 연구 결과에 따른 것이다.

간호사 선생님이 휴식을 마치고 자리를 잡았는지 호출 벨 소리가 들렸다. 책을 읽으며 생각을 정리하다 보니 한 시간이 훌쩍 지났다. 올 첫 번째 헌혈이라 혈소판을 기증하려고 혈액검사를 했다. 혈소판 헌혈은 일반 헌혈보다 과정이 훨씬 까다롭다. 모든 부분이 정상인데 혈소판 수치가 약간 낮아 부적격 판정을 받았다. 아쉬워하는 나를 보고 간호사 선생님이 혈액은 아무 이상 없으니 염려 말라고 위로했다. 하는 수 없이 혈장 헌혈을 했다.

오후가 되면서 헌혈의 집이 붐볐다. 새해에는 남을 위해 건강을 나누자고 스스로 약속한 사람이 많은가 보다. 참 다행한 일이다. 부디 그 약속을 일 년 내내 잘 지키면 좋겠다. 내 것을 남에게 준다는 것이 생각처럼 그리 쉬운 일은 아니다. 헌혈하기 위해서는 특별히 시간을 내야 한다. 따끔한 순간을 참아야 한다. 마침내 내 혈액이 남의 몸에 들어갈 때 귀하고 소중한 생명을 살리는 일이 된다. 그래서 '헌혈이라고 쓰고 생명'이라고 읽어도 된다.

새해에는 그런 따신 사람과 나란히 어깨를 마주하고 살 수 있기 바란다. 오늘 종이 한 장 차이로 한 시간을 기다리며 책을 읽었다. 종이 한 장 차이로 생각할 여유를 만끽했다. 따져보니 과히 시간을 밑진 것 같지는 않았다. 아니, 여러 가지 생각을 정리할 수 있는 의미 있는 시간이었다. 그 생각을 이렇게 글로 풀고 있으니 감사할 따름이다. 방금 이백일흔세 번째 헌혈을 마쳤다. 겨울 오후, 오늘따라 헌혈의 집이 유난히 포근했다.

이웃사랑의 또 다른 이름 '헌혈명문가'

초등학교 다닐 때 기억이다. 당시 이리역 광장 한쪽에 컨테이너 비슷한 조그만 건물이 있었다. 그 앞을 지날 때마다 간호사가 건장한 남성의 팔을 잡아끌었다. 헌혈하고 가라고 거의 매달리다시피 했다. 마지못해 끌려가는 사람도 있었지만, 팔을 뿌리치며 도망치듯 그 자리를 피해 가는 사람, 아예 멀찌감치 돌아가는 사람도 있었다. 그 무렵 어떤 어른은 피를 팔아 한 끼를 해결한다는 말도 들렸다. 그때도 수혈이 필요한 환자는 있었을 것이다. 지금처럼 헌혈 문화가 널리 퍼지지 않았으니 억지로 팔을 잡아끌거나 매혈을 통해서라도 부족한 혈액을 확보하는 수밖에 별 도리가 없었을 터.

우리나라는 1999년부터 혈액매매를 금지하고 있다. 매혈을 장기매매로 간주하기 때문이다. 혈액을 장기와 동일시한다는 것에 선뜻 고개를 끄덕일 수 없으나, 신체의 중요한 부분인 것만큼은 분명하다. 예로부터 신체를 소중하게 다루어야 한다는 가르침 탓인지 아직도 헌혈하는 문화가 널리 자리 잡히지 않았다. 젊은 학생이나 군인의 헌혈로 그나마 부족한 혈액을 채우고 있다. 해마다 겨울방학 기간이 되면 혈액 부족 사태를 겪고 있다. 설 연휴와 방학이 끼어 있는 탓이기도 하다. 국내에선 의약품 제조용 혈액만 수입할 수 있고, 수혈용 혈액 수입은 금지하고 있다. 올겨울은 예상하지 못했던 코로나19 여파로 혈액 수급에 빨간불이 켜졌다. 헌혈자들이 바이러스에 감염될 것을 우려하여 헌혈을 꺼리기 때문이다.

언제부터 그랬는지 기억이 아득하다. 특별한 일이 없으면 2주에 한 번씩 헌혈의 집을 찾는다. 헌혈을 마치고 팔뚝에 반창고를 붙인 모습을 어머니에게 들킬 때가 있다. 나이도 먹었으니 이제 그만하라고 말씀하신다. 아들딸까지 앞세우고 다닌다고 못마땅해 하신다. 자식의 건강을 염려하는 어머니의 마음이다. 어머니의 눈초리를 피해 이대로 간다면 올 연말이나 내년 초쯤에 300회를 기록할 것 같다. 아비의 모습을 보고 자란 아들과 딸도 진즉 각각 100회를 훌쩍 넘겼다. 가족 합산 500회가 되는 날 파티를 벌이기로 했다. 그런데 무슨 일이 있었는지 그 시기를 그냥 넘기고 말았다. 마침 어떤 신문기자가 용케 알고 집까지 찾아와서 아들딸과 함께 인터뷰한 것으로 기념을 대신했다.

지금까지 이십여 년 동안 헌혈을 하면서 철인3종 운동을 즐기고 있다. 한 주 전에 헌혈을 마치고 대회에 나가도 아무런 지장 없이 완주한다. 이 정도면 헌혈이 건강에 지장을 주지 않는다는 것을 방증하지 않을까. 헌혈을 하면 여러 가지 이로운 점이 있다. 먼저 헌혈하기 전에 간단한 혈액 검사를 한다. 이를 통해 B형 간염, 혈중 콜레스테롤, 총 단백을 비롯한 다양한 검사 결과서를 보내주니 건강을 점검할 수 있는 좋은 기회다. 우리 몸은 헌혈하고 나면 새로운 피를 만들어내니 건강한 혈액을 유지할 수 있고 심장병 예방에도 도움이 된다. 학생에게는 헌혈 1회를 봉사활동 4시간으로 인정한다. 헌혈하면서 이웃을 도울 수 있다는 뿌듯함을 덤으로 가질 수 있다.

얼마 전 〈나라사랑의 또 다른 이름 '병역명문가'〉라는 신문 기사를 읽었다. 이영희 전북지방병무청장이 쓴 글이었다. "병역명문가란 3대 가족 모두가 현역 복무를 성실히 마친 가문을 말한다. (중략) 병무청에서는 2004년부터 해마다 성실히 병역을 이행한 사람이 사회로부터 존경받는 분위기를 조성하기 위해 병역명문가를 선정하고 있다. (중략) 국가를 위해 희생하고 헌신한 '병역명문가' 모든 분들에게 존경과 감사를 드리며, 이분들의 나라 사랑하는 마음과 고귀한 희생에 보답하는 길은 이들의 희생정신을 잊지 않고, 사회적으로 존경받고 우대받을 수 있도록 끊임없이 노력하는 일일 것이다."

헌혈하면서 드는 생각을 이따금 글로 남기곤 한다. 기사 제목에 빗대어 〈이웃사랑의 또 다른 이름 '헌혈명문가'〉를 붙여 보았다. 서너 번 되뇌어 봐도 혀 놀림이 그리 어색하지 않다. 지금까지 헌혈명문가라는 말을 들어본 기억이 없다. 물론 병역명문가처럼 대를 이어서 다회 헌혈하는 집안이 없을 수도 있기 때문일 것이다. 헌혈하지 않는다고 불이익을 받지는 않는다. 더구나 헌혈은 강요로 이루어질 수도 없다.

다만 건강한 사람이 자발적으로 참여하기를 권할 뿐이다. 수혈이 필요한 사람에게 헌혈은 절대적이다. 내 부모, 가족이 사선을 넘나드는 상황에서 혈액 부족으로 당장 수술을 할 수 없다고 생각해 보라. 환자나 가족에게 이보다 더한 절망이 어디 있겠는가.

이따금 헌혈증이 필요한데 구할 수 있는지 다급한 요청을 받기도 한다. 차곡차곡 모아둔 헌혈증을 건네면서 묻는다. 헌혈해 본 적 있는지. 내 몸에서 나온 혈액을 나와 내 가족이 필요로 할 수도 있다. 헌혈은 나를, 내 가족을 살리는 귀한 일이다. 부부가, 부모와 자녀가, 연인이나 형제가 나란히 헌혈대에 누워있는 모습을 상상해보라. 얼마나 아름다운가. 나와 가족의 건강을 이웃에게 준다는 것이 얼마나 커다란 선물인가.

그나저나 헌혈명문가를 선정한다면 가족의 범위는 어디까지 해야 할까, 헌혈 횟수는 몇 번 이상으로 해야 할까. 방금 이백일흔일곱 번째 헌혈을 마치고 혼자 해본 생각이다. 이렇게라도 해서 헌혈하는 일이 더 많아지면 좋지 않을까 하는 엉뚱한 상상이었다. 코로나19가 길어지면서 길거리가 텅 비었지만, 오늘 헌혈의 집 문지방은 부산스럽다.

헌혈 홍보 방송 출연

문득 서너 해 전 읽었던 책의 글귀가 떠올랐다. 기억이 희미하여 책장을 열고 구석에 꽂혀 있는 책을 펼쳐보았다. 마침 빨갛게 밑줄이 그어있다. “인간은 반드시 타인의 돌봄을 받아야만 생존이 가능한 유아기를 거치고, 또 누구나 누군가의 간호를 받지 않으면 살 수 없는 노인이 됩니다. 장애인이나 환자가 될 가능성도 적지 않으며, 전쟁이 일어나거나 흉년이 들면 고향을 떠나 말도 통하지 않는 타향을 헤매게 될 리스크를 안고 있습니다. 그래서 그런 상황에서도 생존할 수 있도록 시스템을 갖춰 놓아야 합니다.

유아는 ‘예전의 나’이고, 노인은 ‘미래의 나’이며, 장애인이나 병자, 난민은 ‘그렇게 될지도 모르는 나’입니다. ‘그랬던 나’ ‘그렇게 될 나’ ‘그렇게 될지도 모르는 나’ 모두 ‘나의 다른 모습’이라고 여길 수 있다면, 공동체는 단적으로 말해 약자를 돕는 시스템이라고 한 의미를 알아챘을 것입니다." 우치다 타츠루가 쓰고 김경옥이 옮긴 『어른 없는 사회』(민들레)에 있는 내용이다.

어제 라디오 방송국에서 일하는 지인에게 전화를 받았다. 한참 근황을 나누다 그가 본론을 꺼냈다. 요즘 코로나19 여파로 헌혈인구가 줄고 있다. 혈액 비축량을 충분하게 확보하지 못해 심각하다. 방송에 출연해서 헌혈의 필요성에 관한 이야기를 해 줄 수 있느냐. 가능하면 아들딸도 함께 오면 더 좋겠다. 이런 부탁이었다. 쾌히 승낙했다. 군복무하는 아들은 어쩔 수 없지만, 다행히 보건소에 근무하는 딸은 시간을 낼 수 있었다. 방송국에서 보낸 질문지를 보며 생각을 정리한 다음 오후에 딸과 방송국에 다녀왔다.

헌혈의 집을 방문한 지 어느덧 20년이 되어간다. 헌혈은 이미 습관처럼 몸에 배었다. 아내는 헤모글로빈 수치가 부족해 헌혈 부적격 판정을 받았다. 대신 아들과 딸이 뒤를 이어 소매를 올리며 함께하고 있어 든든하다. 전문가들은 고령화가 심각해지면서 앞으로 혈액 수요 곡선이 가파르게 상승할 거라고 예측한다. 결국 예치 혈액이 부족하면 응급환자가 병원에 가도 수혈을 받기 어려운 일이 벌어질 것은 불 보듯 훤하다. 헌혈한 혈액의 보관기한은 혈소판은 5일, 농축 적혈구는 35일을 넘기지 못한다. 혈액 보유량인 5일 치를 유지하려면 헌혈자의 꾸준한 참여가 절실하다. 우리나라는 수혈용 혈액은 자급자족이 이루어지고 있다. 의약품의 원재료가 되는 혈장의 경우 다량을 외국에서 수입하고 있다. 해마다 300만 명이 헌혈에 참여해야 혈액을 자급자족할 수 있다.

사랑하는 사람이 생사의 갈림길에 선 순간 혈액을 구하지 못해 적기에 치료를 받지 못한다고 상상해보라. 그보다 안타까운 일이 어디 있겠는가. 건강할 때 헌혈하는 것은 자신과 가족을 위하는 길이다. 나아가 이웃을 위한 사랑의 실천이다. 봉사는 한 사람의 열 걸음보다 열 사람의 한걸음이 더 값진 것이다. 다행히 내 주변의 지인이 헌혈의 대열에 동참해주어 그저 감사할 따름이다. 헌혈이 가능한 분들은 앞으로도 건강관리 잘해서 생명 나눔 대열에 함께 하는 복을 많이 지었으면 좋겠다.

오랫동안 아들딸과 헌혈을 하다 보니 자연스럽게 헌혈 가족으로 알려졌다. 지난해 말에 셋이 합한 헌혈 횟수가 500회를 넘었다. 고등학교에 근무할 때였다. 우리학교 학생은 해마다 두세 차례씩 단체헌혈을 했다. 어떤 선생님은 수업에 방해가 된다고 볼멘소리를 했다. 안타깝게도 그 선생님은 헌혈에 대한 경험이 없었다. 건강에 특별한 이상이 없다면 함께 헌혈대에 누워 학생에게 모범을 보여주는 것도 커다란 교육이 아니겠냐고 설득했다. 헌혈을 마친 학생 가운데 희망자는 원불교 은혜심기운동본부에 헌혈증서를 기증한다. 똑같은 한 번이지만 그에게 헌혈의 의미는 두세 배로 크게 다가온다. 이따금 급히 헌혈증이 필요하다며 구할 길을 알려 달라는 부탁을 받는다. 그러면 예치해 둔 곳에 연락해서 숨통을 틔워 준다. 고맙다는 인사를 받을 때마다 오히려 복 지을 기회를 주어 감사하다는 말을 전한다.

헌혈은 건강한 사람이 경험할 수 있는 소중한 나눔이다. 누구나 언제 헌혈증이 필요한 상황이 닥칠지 아무도 모른다. 급하게 혈액이 필요하게 될지도 모르는 나를 생각해 보자. 이때 아무리 발을 동동 굴러도, 사회 복지 시스템을 원망해도, 보유한 혈액이 없다면 속수무책 아닌가. 헌혈은 서로 나누는 것이다. 건강한 내가 아픈 이웃의 손을 따뜻하게 잡아주는 아름다운 행위이다.

마침 이번 일요일이 정해놓은 헌요일이다. 교당 법회를 마치고 나면 모처럼 딸과 함께 헌혈의 집에 가기로 했다. 방송국을 나오는데 딸아이 목소리가 한층 나긋했다.

7부

별이 다섯 개

독립선언서

벌써 50년이 다 되어간다. 정확히 초등학교 5학년 2학기가 시작될 때였다. 부모님 곁을 떠나 혼자 인근 시내로 전학을 갔다. 시내에 있는 작은 아버지 댁으로 주소를 옮겨 거기서 얹혀살았다. 지금 생각하면 위장전입이었던 셈이다. 이불과 간단한 짐을 챙겨 버스를 타고 아버지를 따라 작은집으로 갔다. 큰아들 유학(?) 보따리를 메고 앞장서 가시는 아버지 어깨가 참 넓어 보였다. 그때는 새로운 곳에 간다는 기대나 설렘보다 부모님 곁을 떠난다는 아쉬움과 두려움에 마음이 두근거렸다.

오늘 딸아이와 이별 연습을 했다. 지난해 말쯤 되었나 보다. 그날따라 녀석이 아침 밥상머리에서 나와 아내의 눈치를 살폈다. 무슨 일이 있나 보다 하고 궁금하던 차에 녀석이 주저주저하며 입을 열었다.

이제 혼자 살아보고 싶다고. 돌아오는 3월 말에 시내에 방을 얻어 나가서 살고 싶다고 했다. 독립선언을 한 셈이다. 문득 어느 가수가 불렀던 노래가 떠올랐다.

"부모님이 살아오신 그 길이/ 나의 인생은 될 수 없어요/ 시대는 언제나 가고 가는 것/ 모든 것은 달라졌어요/ 부모님의 어린 시절을 다시 한번 돌아보세요/ 그때는 아쉬운 마음이 없으셨나요/ 나는 이미 알고 있어요 부모님이 말하는/ 그 모든 것이 사랑인 줄을 나는 알아요/ 그러나 내가 원하는 것도 부모님은 알아주세요/ 내 인생은 나의 것 내 인생은 나의 것/ 그냥 나에게 맡겨 주세요/ 내 인생은 나의 것 내 인생은 나의 것/ 나는 모든 것 책임질 수 있어요"

노랫말이 구구절절 딸아이의 마음을 대신하고 있는 듯해서 대꾸할 수 없었다. 2주가 지나 딸아이는 휴대전화로 장문의 독립선언서를 보냈다. 애초 3월 말 계획을 바꾸어 한 달 먼저 독립하고 싶다는 글이었다. 떨어져서 살면 부모님의 소중함도 더 깊이 알게 될 거라 했다. 꽤 오랜 시간 고민하고 보낸 글인지 논리가 정연했다. 그때부터 귓가에 째깍째깍 시곗바늘 움직이는 소리가 빨라졌다.

처음 그 말을 들었을 때 아내는 아무 말도 하지 않았다. 아내는 지금 딸애의 나이가 되었을 때 결혼해서 살림을 꾸렸다. 당시 아내도 시집오기 전에는 부모 곁을 떠난 일이 없었다. 그래서 딸도 품에서 키워 결혼시키고 싶어 했다. 아내의 눈치를 보며 속으로 생각했다. 이제 흔들리지 않을 직장 생활을 하고 있으니 독립해서 살림을 가늠해 보는 것도 필요하겠다고.

녀석은 태어나서 스물여섯 해 동안 우리 곁을 한 번도 떠난 적이 없다. 초등학교부터 대학도, 첫 직장도 집에서 다녔다. 다니던 첫 직장을 1년 만에 그만두고 다시 공부를 시작했다. 그때도 공무원 시험을 준비하는 수험생이 흔히 다니는 노량진 학원에 간다는 말도 하지 않았다. 허름한 차림으로 새벽부터 늦은 밤까지 집 옆에 있는 도서관을 시계추처럼 들락거렸다. 다행히 집 근처 익산시청에 임용되어 출퇴근이 수월했다.

따로 살림하면 생각하지도 못한 지출이 늘어나게 마련이다. 주거비와 생활비용 줄여 출가할 때 도움이 되도록 알뜰하게 생활하라고 당부했다. 며칠 사이 딸아이 퇴근 시간이 늦어졌다. 그동안 부지런히 발품을 팔았던 모양이다. 마침 마음에 드는 방을 찾았는지 사진을 보내왔다. 자식 이기는 부모가 어디에 있다고 했던가. 방범 시설과 위생을 꼼꼼히 살피고 맘에 들면 계약하라고 했다. 부동산 사무실에 가서 계약서에 서명하기 전에 내게 전화를 걸어왔다. 사무실에 가서 계약서를 살펴보고 함께 집을 둘러 보았다. 항상 철부지인 줄로 알았는데 한편으로 대견했다.

교직에 있는 덕에 제자 주례를 서는 일이 많다. 어느 때부터인지 신부가 아버지 손을 떠나 신랑과 팔짱을 끼는 모습을 보면 속절없이 눈물 둑이 무너지려 했다. 애써 참는 것이 여간 힘든 게 아니다. 그런 변화는 머지않아 딸을 시집보내야 한다는 안타까운 신호이다. 오늘 그 이별 연습을 미리 하고 있다. 새벽부터 거실이 부산했다. 주방 그릇 부딪치는 소리가 요란했다. 챙겨가야 할 딸아이의 살림살이가 뒤

엉켜 있었다. 이따금 아내와 딸아이가 티격태격하는 소리도 들렸다. 아내 목소리는 염려와 아쉬움 때문인지 저기압으로 가라앉았다. 딸아이 소리는 높은 소프라노로 올라섰다. 그 속에 독립된 공간으로 떠난다는 설렘이 철철 넘쳤다.

평생 둥지에서 어미 새와 함께 살아갈 수는 없다. 때가 되면 둥지를 떠나야 한다. 비바람과 눈보라 속에서 시린 손으로 눈물을 훔치기도 할 것이다. 연약한 날개를 퍼덕이다 폭풍우와 눈보라를 뚫고 나가는 요령을 배울 것이다. 새로운 보금자리에 둥지를 틀었으니 부디 짜임새 있는 소중한 터전으로 가꾸어 가기를 바랐다. 머지않아 봄이다. 이제 한 발 떨어져서 곱게 피울 꽃을 바라보며 응원할 일만 남았다.

아버지, 나의 아버지

당신은 지금 안방 침대에 누워 코를 골며 주무시고 계십니다. 잘 주무시는지 얼굴을 들여다보면 이따금 가늘게 눈을 떠서 손을 쥐고 있는 제 눈치를 보시는 것 같아 가슴이 미어집니다. 어제는 한밤중까지 주무시지 못하고 허공에 손을 저으며 무슨 말씀인가를 하셨습니다. 남들은 그것을 치매에 걸린 환자의 증상이라고 말합니다. 이따금 반복하시는 말씀은 이랬습니다.

"2년 전에 그런 일이 없도록 깡똥하게 묶어. 일 잘하는 사람들 불러서 깡똥하게 묶어." 아버지가 말씀하신 '깡똥'이라는 말은 '다시 손이 가지 않도록 야무지고 단단하게'라는 의미로 통합니다. 그러시면서 농협 조합장 하시던 때 함께 일하셨던 분들 이름을 불렀습니다.

조합 일을 하시던 그 당시로 돌아간 듯 잠꼬대를 하셨습니다. 그 말씀을 들으면서 매사에 철저하고 빈틈을 보이지 않으신 당신의 성품이 떠올랐습니다.

당신은 4남 1녀 가운데 장남인 저에게 유독 엄격하셨습니다. 적어도 결혼해서 당신에게 큰 손주를 안겨드리기 전까지는 그랬습니다. 큰 애를 낳은 뒤 비로소 제게 집안 대소사를 말씀하셨으니까요. 맏손자가 태어나면서부터 제가 사는 집에 자주 오셨습니다. 그때 가족끼리 거실에서 이야기를 나누다가 당신은 슬며시 자취를 감추셨죠. 어느새 손자 혼자 누워있는 안방에 들어가셔서 손주를 안고 뚫어지게 바라보고 계셨습니다. 그 모습이 참 행복해 보였습니다. 당신은 그렇게 가슴속에 자식과 손자 사랑을 품고 계셨습니다.

제가 초등학교 2학년 겨울방학 무렵으로 기억합니다. 아버지가 경운기 적재함에 볏짚을 쌓다 떨어져서 시내 병원에 입원하셨다는 소식을 들었습니다. 그날 밤 윗방에서 얼마나 서럽게 울었던지 그 기억은 평생 잊을 수 없을 것입니다. 다음에도 여러 차례 크고 작은 사고를 당하여 병원 신세도 많이 지셨습니다. 성치 않은 몸으로 16년간 농협 조합장 일을 하시며 조합원 대소사를 꼼꼼하게 챙기는 분이셨습니다. 당신은 우리 5남매가 오르지 못할 태산이셨습니다. 아버지 말씀이 떨어지면 그 인근에서 안 되는 일이 없었으니까요.

참, 이제야 죄송한 말씀 드립니다. 대학교 3학년 2학기 중반에 주변에서 저에게 총학생회장 출마를 권했습니다. 저는 당연히 아버지께 상의드렸습니다. 당신은 며칠을 생각하신 다음 조용히 말씀하셨습니다. "지금은 그럴 때가 아닌 것 같다." 당시 어수선한 시국에 혹시라도 아들에게 무슨 일이 생길까 봐 말리셨습니다. 시간이 흘렀고 계속되는 선배들의 권유에 어쩔 수 없이 부회장 출마를 허락하셨습니다. 당선되어 학생회 일을 하던 때가 1987학년도였습니다. 많이 혼란스러웠던 시절이었지요. 혈기 방장한 나이에 각종 시위마다 앞장섰습니다. 현장에서 아버지가 지켜보고 계셨다는 것을 한참 지나서야 알았습니다. 친구들이 나서서 아버지를 안심시키고 저는 다시 시위대열에 앞장섰습니다. 아버지가 출근하면 경찰이 전화해서 시위를 주도하는 자식을 말리라고 협조 아닌 협박을 했다는 것을 훗날 들었습니다.

생각해보면 당신에게 철없는 짓을 많이 했습니다. 돌이킬 수 없는 시간입니다만, 다시 그런 날이 왔으면 좋겠습니다. 그러면 아버지 말씀에 순종하며 함께 따뜻한 국밥이라도 할 수 있겠지요. 아버지의 젊음을, 건강을 되돌릴 수 있다면 제가 무슨 일인들 못 하겠습니까.

당신이 올해 1월 1일 급성 뇌경색 진단을 받은 날, 어머니를 비롯한 온 식구가 한동안 갈피를 잡을 수 없었습니다. 다행히 상태가 호전되어 우리 가족은 남 부러울 것 없는 날을 보냈습니다. 하지만 며칠 전 갑자기 증세가 나빠져 곁에서 간호하는 어머니께서 감당하기 힘든 지경이 되었습니다. 자식이 모두 곁에 살아서 더 자주 뵙고 더 많은 시간을 함께 보내겠다고 다짐했습니다. 문을 나서면 시나브로 아버지 생각을 지우고 살았습니다. 어머니가 아버지 수발을 하시며 힘겹게 지내셨습니다. 아버지의 상태가 이상하다 싶을 때는 어머니가 자식들에게 비상 호출을 하셨지요. 그마저도 자식들 일에 방해될까 봐 눈치 보시는 어머니를 생각하면 도리를 다하지 못해 가슴이 미어지곤 했습니다.

결혼하고 부모님 곁을 떠나온 뒤 아버지와 나란히 잠을 청한 적이 없었습니다. 병원에 계실 때 어머니가 간호하기 힘들면 그 자리를 대신하던 날을 제외하고 말입니다. 그제 새벽 아버지가 침대에서 내려오시다 엉덩방아를 찧어 움직이지 못한다는 어머니의 다급한 전화를 받았습니다. 누가 먼저랄 것 없이 형제들이 달려갔습니다. 새벽에 고통을 하소연하시던 아버지를 위해 저희가 할 수 있는 일은 아무것도 없었습니다. 그냥 옆에서 뜬눈으로 밤을 새웠습니다. 어젯밤에는 헛것이 보이는 것처럼 잠도 못 주무시고 허공에 손을 저으며 이상한 말씀만 하셨습니다.

낮에 어머니와 동생들이 모여 의견을 나누었습니다. 상태가 더 나빠지기 전에 요양병원에 모셔 적절한 치료를 받기로 했습니다. 오늘 저녁, 당신은 평소보다 식사도 맛있게 하시고 많이 잡수셨습니다. 후식으로 내놓은 수박도 직접 손으로 잡고 잘 드셨습니다. 이 모습을 보며 어찌 된 일인지 우리는 기뻐하지 못하고 서로 말을 잇지 못한 채 분위기가 가라앉았답니다. 내일 요양병원으로 가실 것을 아시고 그러셨나요. 오늘 밤은 왜 이렇게 얌전하게 주무십니까. 저는 믿습니다. 병원에서 치료 잘 받으시고 다시 안방으로 돌아오신다는 것을요. 그때는 당신 코 고는 소리를 자장가 삼아 잠들고 싶습니다.

아버지, 당신은 태산이십니다. 행여 태산이 무너지는 일은 없겠지요. 저희가 정상을 우러러볼 수 있도록 굳게 자리를 지켜주셔야 합니다. 아버지, 나의 아버지. 뒤늦게 고백합니다. 당신을 사랑합니다. 영원히 영원히요. 당신 바라기, 부족한 장남이 올립니다.

어머니의 더위 탈출

뉴스마다 연일 불볕더위 소식과 폭염주의보가 돌림노래처럼 들린다. 폭염에 대비해 낮 동안 활동을 자제하라는 안내와 노약자는 각별한 주의를 기울이라는 당부가 빠지지 않았다. 지난주 어머니를 모시고 아버지가 계시는 병원에 갔다. 차창 밖으로 보이는 한낮의 아스팔트는 마치 달구어진 프라이팬처럼 이글거렸다. 어머니께서 날이 더우니까 동네 노인네들이 물놀이 가자고 한다고 말씀하셨다. 변산 해수욕장에 버스 타고 가기로 했다는 것이다. 각자 준비물을 맡았는데 어머니는 수박을 책임지셨단다. 갑자기 말문이 막혔다. '아니 이 더위에 노인네들이 어떻게 짐을 들고 버스를 타고 가시려고 그럴까.'

부모님은 우리 다섯 남매 탯줄을 묻은 고향을 평생 지키며 사셨다. 연세를 드시면서 아버지가 운전하실 수 없어 매일 병원에 다니시는 게 여간 신경 쓰이는 것이 아니었다. 부모님을 병원이 가까운 시내로 모시자는 가족회의를 수차례 열었다. 아버지는 자식들 앞에서는 그러마 하시고 집에 가시면 어머니에게 이사 안 간다고 고집을 부리셨다. 평생 살았던 고향을 떠나오는 것이 부모님 입장에서는 손바닥 뒤집듯 쉬운 일은 아니었던 것이다.

결국 자식들 간청에 못 이겨 삼 년 전에 우리가 사는 시내 아파트로 거처를 옮기셨다. 연세 드시고 낯선 동네에서 말동무 삼을 사람도 없는데 잘 적응하실까 걱정했다. 아버지는 병원 다녀오시는 시간을 제외하고는 대부분을 집안에서 보내셨다. 반면에 붙임성이 좋으신 어머니는 모정에서 동네 아주머니들과 함께 하는 시간이 늘었다. "그러길래 이웃은 사촌이라 하지요. 멀리 있는 친척도 사촌만은 못해요." 대중가요 '이웃사촌'이라는 노랫말이 떠올랐다. 이웃과 형님, 동생 하면서 음식도 나누어 드시고 재미있게 지내는 모습에 퍽 감사했다.

며칠이 지나고 나서 한 분이 사정이 생겨 어머니의 해수욕장 물놀이 계획이 틀어졌다고 하셨다. 이틀 전, 아버지에게 가는 차 안에서 다시 말씀하셨다. 해수욕장 대신 모레 시원한 대아리 계곡에 가서 놀다 오기로 했다고. 이번에는 조금 가까우니 택시를 두 대 대절하기로 했다고 하셨다.

"몇 분인데요?"

"다섯 명이라 한 대는 안 된다네."

"몇 시에 가시려고요?"

"좋은 자리 잡으려면 일찌감치 가야 하지 않을까?"

택시 두 대에 나눠 타고 노인네들이 이 더위에 붐비는 계곡에 가서 빈자리 잡으려면 보통 일이 아니다.

“어머니, 제 차로 모셔다드릴게요. 다섯 분이니까 앞에 한 분 타고 뒤에 네 분 타면 괜찮으니 그렇게 해요.”

방학이라 이리저리 틈을 쪼개면 큰 지장이 없을 것 같다. 차가 막힐 것을 생각해서 아침 7시에 계곡으로 향했다. 각자 음식을 바리바리 준비해오셨다.

“원광고등학교 교장이라고 했지요? 효자네요.” 차에 오르자마자 칭찬 일색이었다.

“어머니가 모처럼 소풍 가시는데 당연히 모셔다 드려야지요. 걱정 마세요.”

차창에 펼쳐진 풍경을 보며 모두 한마디씩 하셨다.

“나오니 참 좋다.”

“내년에는 음식 싸가지 말고 사 먹고 오자고.”

“내년 일은 그때 가서 생각 혀. 낼 일도 모르는디.”

“그건 맞는 말여.”

“어딜 가나 참깨가 시절이여.”

올해 참깨 농사가 다 잘 되었다는 말씀이었다. 차안에서 시끌벅적하게 나누는 어르신의 이야기에서 마치 꼬신 참기름 냄새가 나는 것 같았다.

오르막길 끝에 이르자 대아리 저수지가 수줍게 품을 내밀었다. 지난번 장마에 물을 제법 품었을 법한데 아직 충분히 차지 않았다. 마치 상고머리 아이의 아랫머리 두른 만큼 8부 정도 물이 찼다.

"김대중 대통령이 앞으로는 물을 사 먹어야 된다고 했디야."

"요새도 물 사 먹잖어?"

"갈수록 더 비싸게 사 먹어야 된다는 말이지."

"우리 때는 물 아까워 채소 씻고 나서 그 물에 걸레도 빨고 했는디. 요새 젊은 애들에게 그런 이야기 하면 잔소리로 알아들어. 그래도 오십은 넘어야 말귀를 알아듣지."

건성으로 들었지만 그러고 보니 나도 낼모레면 육십이다. 오십 넘은 지가 한참 됐는데 뜨끔했다. 내가 오십 됐을 때 어르신들 말귀를 제대로 알아듣기나 했을까.

부모들 자랑 가운데 가장 으뜸은 자식 자랑 아닌가.

"아, 어젯밤에 여행 갔다가 못 온다더니 글쎄 아들이 온 거여. 어찌나 반갑던지. '나 내일 물놀이 간다.' 자랑을 했지. '어디로 가요? 누구랑 가요? 무엇 타고 가요?' 그러면서 용돈을 주고 갔어. 오늘 내가 한턱 쏠 것 이구만."

밤새 다녀간 이 어르신의 효자 덕분에 일행들 입이 호강할 일만 남았다. 조심스럽게 차를 몰아 시원하고 경치 좋은 개울가 평상에 모셨다.

"어머니, 재밌게 노시고 이따 연락하세요. 제가 시간 안 되면 동생이 모시러 올 거예요."

어머니와 친구 분들을 내려드리고 되돌아오며 생각했다. 어릴 적 우리 집은 양계장을 했다. 지금 생각해도 제법 규모가 컸다. 어머니는 거기서 나오는 달걀을 매일 시장에 내다 파셨다. 그 많은 달걀을 양

손으로 들 수 있게 허리춤까지 판에 쌓았다. 제법 무게가 나가는 달걀을 비포장 길 덜컹거리는 버스에 싣고 가는 일이 보통이 아니었을 것이다. 행여 급정거라도 하면 판이 넘어져 달걀이 깨지는 일도 있었다고 했다. 그런 날은 시장 대신 버스회사에 쫓아가셨다. 창피함은 둘째치고 조금이라도 배상을 받아야 했으니까. 그렇게 억척스럽게 5남매를 길렀다.

지금은 매일 아버지가 누워 계신 병원에 다니시느라 고생하시는 어머니께 감사하다는 말씀도 따뜻하게 건네지 못해 마음에 걸렸다. 어머니께 바람이라도 쏘여 드릴 생각을 못 했는데 다행이다. '어머니! 죄송합니다. 이제라도 다니고 싶은 곳, 드시고 싶은 것 다 말씀하세요. 어머니께서는 젊을 때 할머니 봉양하시느라, 아버지 뒷바라지 하시느라 꽃다운 시절 다 보내셨잖아요. 다섯 남매 낳아서 기르고 가르치면서 주름 고랑이 빗물에 패인 길처럼 깊어가는 줄도 모르고 이날까지 사셨잖습니까.'

집에 도착하니 아내와 딸은 이미 출근했다. 때 지난 아침을 차렸다. 냉장고에서 서너 가지 반찬을 꺼냈다. 혼자 먹는 밥이라서 그런지 반찬 그릇에 젓가락이 쉽게 닿지 않는다. 식탁에 잠시 나왔다 다시 제자리로 돌아가는 반찬 그릇을 보면서 생각했다. 크고 작은 반찬통이 서로 어울려 있다. 모나지 않고 원만한 모습으로 다른 그릇을 불편하게 하지 않는다. 가만 보니 큰 그릇이 작은 그릇을 품어 다리가 되고 있다. 큰 그릇은 자신이 있는 자리가 너무 한가운데거나 구석에 치우쳐 있다고 불평하지 않는다. 방금 내려드렸던 어머니 모습이다.

손녀 사랑

아버지께서 팔순을 넘긴 지 어느덧 4년이 지나고 있다. 내 기억 속의 아버지는 자그마한 체구에 다부진 분이다. 하지만 젊은 시절부터 크고 작은 사고로 여러 차례 병원 신세를 지셨다. 내가 초등학교 2학년 때 아버지가 크게 다쳐 시내 병원에 입원하셨던 기억이 있다.

그날 밤 집에서 목 놓아 울다가 부모님과 며칠 동안 병원에서 함께 지냈다. 밤중에 네온사인 반짝이는 시내를 싸돌아다니는 재미에 병원에 오래 계시기를 바랐던 철없던 시절이었다. 평생 건강하실 거로 믿었던 아버지도 흐르는 세월에 대적하지 못하시는 것 같아 안타깝다.

지난해까지 어머니를 곁에 태우고 손수 운전을 하셨으나 이제는 그마저도 버거워 운전대를 놓으셨다. 그리고 점차 거동이 줄었다. 연세가 드실수록 몸이 불편한 까닭에 올해 들어 부쩍 바깥 나들이를 꺼리신다. 자식들이 함께 바람이라도 쏘이자고 말씀드려도 귀찮아하니 모시고 나가기가 어렵다.

'내리사랑은 있어도 치사랑은 없다'라고 했다. 서울 인근 객지에서 연극 영화학과 대학을 다니는 여동생 딸이 있다. 지난 6월에 그 학교에서 조카가 연극에 출연한다는 연락이 왔다. 우리는 조심스럽게 부모님께 함께 가시면 어떨까하고 말씀드렸다. 어머니는 비교적 건강하시니 쾌히 승낙하셨다. 아버지의 반응이 궁금했다. 어찌 된 영문인지 아버지께서도 마다하지 않으셨다. 객지에 살면서 고생하고, 자주 못 내려오는 외손녀를 보기 위한 마음이 아버지를 움직인 게다. 아버지는 좁고 답답한 승용차 안에서 왕복 4시간 이상을 참으셨다. 공연장에서도 꼬박 두 시간 이상을 견디셨다.

오늘은 조카의 학창 시절 마지막 졸업 공연 작품이었다. 학교가 산 허리에 자리 잡고 있어 상당히 가팔랐다. 하필 공연장 건물은 언덕 맨 꼭대기에 있었다. 공교롭게 오늘이 학교 수시전형 입시일이어서 교내에 차량이 꽉 차 있었다. 아버지의 상태를 설명하며 통사정해도 차량진입이 불가능하다고 철문을 주지 않았다. 공연 시각은 다가오는데 실랑이를 벌여도 철옹성 같은 문은 열릴 기미가 없었다. 하는 수 없이 아버지를 모시고 아득해 보이는 계단을 오르기 시작했다.

내가 아버지 한쪽 손을 부축하고 동생은 뒤에서 엉덩이를 밀면서 힘겹게 계단을 올랐다. 산 넘어 산이라더니 운동장을 가로질러 다시 2차 계단이 버티고 있었다. 아버지는 평소에 동네 한 바퀴 도는데도 몇 걸음 걷다가 쉬기를 반복하셨다. 계단은 엄두도 내지 못하셨다. 날이 갈수록 몸 상태는 안 좋아지셨다. 객지에서 고생하며 공연하는 외손녀를 향한 내리사랑이 원동력이었을까. 그 힘으로 불편한 몸을 이끌고 한 걸음씩 계단을 오르는 대장정에 성공했다.

공연은 쉬는 시간도 없이 꼬박 두 시간 넘게 이어졌다. 비좁고 불편한 의자에 앉아 무대에서 눈을 떼지 않으셨다. 손녀가 나올 때마다 곁에 계신 어머니에게 손녀임을 확인하셨다.

극 중 영순이(조카 役)가 딸을 잃고 땅을 치며 통곡하는 장면에선 이따금 아버지의 손바닥이 안경 속을 드나들었다. 손녀의 힘이었을까. 여든 중반이시지만 아직 감정의 샘이 메마르지 않은 청춘이시다.

오늘 예쁜 조카 덕분에 부모님 모시고 가을 나들이도 하면서 좋은 연극도 보았다. 그가 나온 포스터 앞에서 온 가족이 함박웃음을 지으며 사진을 찍었다. 앞으로 많은 이에게 사랑 받는 배우로 거듭나리라 생각하면서. 그러면 할아버지, 할머니는 손녀 보는 재미에 푹 빠져 더욱 건강해질 테니 그만한 효도가 어디 있겠는가. 자식들이 못하는 효도를 손녀가 하는 셈이다.

부모님 슬하에 5남매가 각각 2명씩 자식을 두었다. 손자녀가 10명이다. 아버지는 유난히 손자 욕심이 많으셨다. 그래서 손자가 세 명뿐인 것을 항상 아쉬워하셨다. 이런 훌륭한 재주를 가진 예쁜 손녀 덕분에 행복한 나들이를 할 수 있으니 이제 서운함을 푸셔도 좋을 성싶다. 아직 가정을 꾸린 손주가 없으니 부모님은 더욱 건강관리 잘하셔야 한다. 머지않아 줄줄이 이어질 이 녀석들 결혼식에 함께 가시고 맘껏 축복해 주셨으면 좋겠다.

하루가 저물어 집으로 향하는 차 안에서 영순이의 마지막 대사가 귓전을 맴돈다. "오늘도 아무 일 없이 끝났네요, 어제가 어쨌든, 오늘도 끝이에요.

봄이 끝나면 여름이 오고 여름이 끝나면 가을이 오고 가을이 끝나면 겨울이 오고 겨울이 끝나면 또다시 봄이 오고…….

어쩌면 그런 식일 거예요. 어쩌면 그렇게 흘러가는 걸 거예요.

강물이 바다에 흘러가듯이……."

밖에 한창 가을이 익어간다. 머지않아 올 한해도 이렇게 흘러갈 것이다. 강물이 바다로 흘러가듯이. 그리고 다시 새봄이 오겠지. 그때도 오늘 찍은 사진을 들여다보며 사진 속 가족이 똑같이 행복한 미소를 지을 수 있기를 기도한다.

별이 다섯 개

토요일 오전이었다. 충북 보은에서 여는 행사장에 가는 길이었다. 얼마 지나지 않아 형제 카톡방에 소식이 올라왔다.

"오늘 오후 고구마 캡니다. 가져가실 집은 오셔서 조금 거들고 먹을 만큼 가져가세요."

바로 아래 동생이 보낸 메시지였다. 지난봄에 동생이 밭떼기에 고구마를 심었다. 심을 때는 얼굴도 비치지 못했다. 행사를 마치고 집에 도착해서 씻으려다 문득 동생 생각이 났다. 한참 지났을 텐데 여태 캐고 있을까 생각하면서 전화부터 눌렀다. 아직 안 끝났으니 마실 물 좀 챙겨오라는 동생 소리가 들렸다. 미안하고 갑자기 마음이 급했다.

나는 시골에 살면서 초등학교 5학년 때 혼자 시내로 전학했다. 작은아버지 댁에서 보살핌을 받았다. 군대 제대하고 서너 달 집에 머물다 복학하면서 집을 떠났다. 졸업하고 직장 다니면서 다시 바깥에서 생활했다. 전학한 뒤부터 몇 개월 빼고는 지금까지 부모님과 떨어져 지낸 셈이다. 주말이나 방학 때 집에 가면 형제들이 해야 할 일이 있었다. 돼지우리를 치우거나, 겨울철 뒷산에서 땔감으로 마른 풀 베어 오곤 했다. 논밭에 계시는 부모님을 거들기도 했다. 그 자리에 함께 있어도 늘 야무지게 일하는 것은 동생들 몫이었다. 나는 어쩌다 한 번 이었지만 동생들은 매일 하는 일이었을 것이다. 누구나 잘할 것 같은 삽질도 10번 정도 하고 나면 손바닥에 물집이 잡히고 허리가 끊어질 듯 아팠다. 그런 약골이었다. 먼 산 바라보는 시간이 더 길었다. 그때마다 동생들이 내가 해야 할 일을 대신한 셈이다.

2년 전 퇴직해 이웃에 사는 친구가 있다. 그는 인생 이모작을 한다며 다른 직장을 잡았다. 퇴근하고 짬을 내 고구마 농사를 지었다. 틈틈이 북을 치고 모종을 심었다. 고랑에 뿌리내린 줄기를 골라주었다. 며칠 전 그가 놉을 얻어 고구마 캔다는 말을 들었다. 막상 둑을 허물어 보니 결실이 시원찮았다고 했다. 지난여름 엄청나게 내린 비 탓이라고 했다. 노동력은 고사하고 투자한 원금도 건지지 못했다고 허탈한 웃음을 지었다. 이 가운데서도 먹을 만한 것을 골라 한 상자를 보내왔다. 나는 땀 한 방울 보태지 않고 염치없이 덥석 받았다.

빈 병을 찾아 물을 가득 채우고 서둘렀다. 거들고 먹을 만큼 가져가라 했지만, 애쓰는 동생들 곁에서 형 체면도 세우고 한 손이라도 보태야 마음이 편할 것 같았다. 밭에 도착했다. 제법 따가운 가을볕에서 동생 둘이 마지막 고랑을 캐고 제수씨는 잔뿌리를 다듬고 있었다. 여기도 마찬가지였다. 작황이 신통치 않았다. 고구마 농사는 큰 기술이 필요 없다고 했지만, 둘 다 전문 농사꾼이 아니라는 걸 땅속 고구마도 다 알고 얕잡아보는 모양이다. 제법 실한 것 두어 상자를 빼고 나니 고구마가 모두 다이어트라도 했는지 미끈했다.

밭에 뒹구는 고구마 위로 5남매 얼굴이 겹쳐 보였다. 5남매가 같은 줄기에서 나고 자랐지만 길쭉하게 큰 것, 뭉툭하게 자란 것 각각 생김새가 다양하다. 튼실하게 뿌리를 내리고 잘 자란 동생들이 있지만 빈둥거리다 슬쩍 발만 담그는 나 같은 고구마도 있다. 그래도 서로 이해하며 낯꽃 찡그리지 않고 잘 받아 준다. 내일이 셋째 동생 생일이다. 그 집은 생일상 준비하느라 고구마 캐는데 손을 보태지 못했다. 서둘러 밭일을 마무리하고 모두 셋째네로 모였다. 솜씨 좋은 제수씨가 푸짐하게 상을 채웠다. 여동생은 맛있는 막걸리를 사다가 분위기를 돋웠다. 고구마밭에 기웃거린 핑계로 실컷 먹었다. 수북하게 내놓은 과일까지 먹고 상을 물렸다. 이번에는 고구마를 나눈다고 모이라 했다. 주차장에 부모님네 것까지 똑같은 모양을 한 상자 여섯 개가 가지런히 놓여 있었다.

손이 빠른 동생들이 부지런히 빈 상자를 채웠다. 나는 또 곁에서 지켜보기만 했다. 그 안에 크고 작은 5남매가 고루 섞여 담겼다. 엉거주춤했던 내 상자에도 똑같이. 지켜보시는 어머니 표정이 넉넉했다. 얼마 전부터 고구마와 사이다가 짝을 이루어 유행어가 되었다. 마실 것 없이 고구마를 먹으면 목이 메어 가슴이 답답하다는 데서 비롯되었다. 사이다는 답답한 상황을 시원하게 해결했다는 의미이다. 동생 덕분에 오늘 사이다가 없어도 속이 뻥 뚫리고 시원했다. 형제들의 우애와 정을 담은 이 아까운 것을 먹어야 할지, 곁에 두고 바라만 보아야 할지, 그저 행복했다. 5남매가 출가해서 둘씩 뿌리를 내렸다. 사촌 10남매가 어느 집 친형제 부럽지 않게 잘 지내고 있다. 덕분에 누가 자식 몇 두었냐고 물으면 10남매를 두었다고 자랑한다. 올여름 장마에 이집 저집 고구마 농사는 시원찮았지만, 부모님 정성을 먹고 자란 5남매 농사는 그럭저럭 수확을 잘 했다. 호텔과 돌침대만 별이 다섯 개 있는 것은 아니다. 오늘 동생들에게 평점을 후하게 주었다.

송태규 수필집

마음의 다리를 놓다

인쇄 2020년 12월 10일
발행 2020년 12월 15일

지은이 송태규
발행인 서정환
펴낸곳 수필과비평사
주소 서울시 종로구 삼일대로 32길 36(익선동 30-6 운현신화타워 빌딩) 305호
전화 (02) 3675-3885, (063) 275-4000 · 0484
팩스 (063) 274-3131
이메일 sina321@hanmail.net essay321@hanmail.net
출판등록 제300-2013-133호
인쇄 · 제본 신아출판사

ISBN 979-11-5933-307-1 03810

값 15,000원

이 도서의 국립중앙도서관 출판예정도서목록(CIP)은 서지정보유통지원시스템 홈페이지(http://seoji.nl.go.kr)와 국가자료공동목록시스템(http://www.nl.go.kr/kolisnet)에서 이용하실 수 있습니다. (CIP제어번호: CIP 2020051444)

Printed in KOREA